A vontade na natureza

Dados Internacionais de Catalogação na Publicação (CIP)
(Câmara Brasileira do Livro, SP, Brasil)

Schopenhauer, Arthur, 1788-1860

A vontade na natureza : uma consideração de como a filosofia do autor foi confirmada, desde seu aparecimento, pelas ciências empíricas / Arthur Schopenhauer ; tradução de Gabriel Salvi Philipson. – Petrópolis, RJ : Vozes, 2024. – (Coleção Vozes de Bolso)

Título original: Über den Willen in der Natur

ISBN 978-85-326-6806-6

Filosofia alemã 2. Linguística 3. Psicologia
I. Título. II. Série.

23-184528 CDD-193

Índices para catálogo sistemático:

1. Filosofia alemã f193

Eliane de Freitas Leite – Bibliotecária – CRB 8/8415

Tradução do original em alemão intitulado
*Über den Willen in der Natur – Eine Erörterung der
Bestatigungen, melde die Philosophie des Verfassers, seit Ihrem
Auftreten, durch die Empirischen Wissenschaften erhalten hat*

© desta tradução:
2024, Editora Vozes Ltda.
Rua Frei Luís, 100
25689-900 Petrópolis, RJ
www.vozes.com.br
Brasil

Todos os direitos reservados. Nenhuma parte desta obra poderá ser reproduzida ou transmitida por qualquer forma e/ou quaisquer meios (eletrônico ou mecânico, incluindo fotocópia e gravação) ou arquivada em qualquer sistema ou banco de dados sem permissão escrita da editora.

CONSELHO EDITORIAL

Diretor
Volney J. Berkenbrock

Editores
Aline dos Santos Carneiro
Edrian Josué Pasini
Marilac Loraine Oleniki
Welder Lancieri Marchini

Conselheiros
Elói Dionísio Piva
Francisco Morás
Gilberto Gonçalves Garcia
Ludovico Garmus
Teobaldo Heidemann

Secretário executivo
Leonardo A.R.T. dos Santos

PRODUÇÃO EDITORIAL

Aline L.R. de Barros
Marcelo Telles
Mirela de Oliveira
Otaviano Cunha
Rafael de Oliveira
Samuel Rezende
Vanessa Luz
Verônica M. Guedes

Conselho de projetos editoriais
Isabelle Theodora R.S. Martins
Luísa Ramos M. Lorenzi
Natália França
Priscilla A.F. Alves

Editoração: Cecília Toledo
Diagramação: Lílian Teixeira
Revisão gráfica: Heloísa Brown
Capa: Ygor Moretti

ISBN 978-85-326-6806-6

Este livro foi composto e impresso pela Editora Vozes Ltda.

Arthur Schopenhauer

A vontade na natureza

Uma consideração de como a filosofia do autor foi confirmada, desde seu aparecimento, pelas ciências empíricas

Tradução de Gabriel Salvi Philipson

Vozes de Bolso

τοιαῦτ' ἐμοῦ λόγοισιν ἐξηγουμένου

οὐκ ἠξίωσαν οὐδὲ προσβλέψαι τὸ πᾶν.

[...] ἀλλ' ἐκδιδάσκει πάνθ' ὁ γηράσκων χρόνος.

[215] E embora eu tenha tentado lhes explicar tudo isso,

Não prestaram atenção às minhas palavras.

[...] [981] Mas o tempo, que tudo envelhece, ensina todas as coisas.

Ésquilo, Prometeu acorrentado, 214, 215, 981.

Sumário

Prefácio à segunda edição, 9

Introdução, 35

Fisiologia e patologia, 47

Anatomia comparada, 83

Fisiologia vegetal, 119

Astronomia física, 148

Linguística, 169

Magnetismo animal e magia, 175

Sinologia, 221

Indicação à ética, 237

Conclusão, 244

Prefácio à segunda edição

Experimentei a alegria de poder dar uma segunda demão também a essa obrinha – depois de 19 anos; e essa alegria foi tão grande quanto a especial importância dessa obra para a minha filosofia. Pois, partindo do empírico puro, de observações de pesquisadores da natureza desimpedidos, seguindo cada um os fios de suas respectivas ciências, chego aqui diretamente ao próprio núcleo de minha metafísica, provo os seus pontos de contato com as ciências da natureza e apresento, assim, de certa maneira, as provas da fatura de meu dogma fundamental, que, justamente por isso, obtém tanto sua fundamentação mais direta e específica quanto também aflora no entendimento de maneira mais clara, compreensível e precisa do que em qualquer outra parte.

Os melhoramentos desta nova edição coincidem quase todos com os avolumamentos, uma vez que nada que mereça qualquer menção foi removido, enquanto inúmeros e em parte avultantes acréscimos foram inseridos.

Mas, em geral, é um bom sinal também que o mercado editorial tenha solicitado uma nova edição deste texto: indica um interesse em filosofia séria em geral e confirma a evidente necessidade, mais urgente do que nunca nos tempos atuais, de avanços efetivos em filosofia. Isso, porém, consiste em duas circunstâncias. Por um lado, no funcionamento diligente do ramo das ciências da natureza como um todo, que, em grande parte levada à cabo por pessoas que não aprenderam nada além dessas ciências, ameaça resultar em um materialismo crasso e estúpido, no qual, de partida, o escandaloso não é a bestialidade moral dos resultados últimos, mas a inacreditável falta de compreensão dos primeiros princípios; pois até mesmo a força vital é negada e a natureza orgânica rebaixada a um jogo aleatório de forças químicas[1]. É preciso que ensinem a esses heróis do cadinho e da retorta que a mera química os qualifica em farmacêuticos, mas não em filósofos, e, do mesmo modo, a certos outros pesquisadores da natureza, aparentados em espírito, que alguém pode ser um zoólogo completo e saber de cor o nome de todas as sessenta espécies de macacos e, ainda assim, não tendo aprendido nada além de seu catecismo, ser, como um todo, uma pessoa ignorante, gentinha do povo. Trata-se, contudo, nos tempos atuais, de um caso frequente. Elevam-se a iluminadoras do mundo pessoas que aprenderam sua química, física, mineralogia, zoologia ou fisiologia, mas nada mais afora isso, e contribuem para esse mundo com

---

1. E a enfatuação pôde chegar ao grau de, com toda a seriedade, se pressupor que a chave do mistério da essência e da existência desse mundo admirável e misterioso fora encontrada nas miseráveis *afinidades químicas!* – O desvario dos alquimistas, que buscavam a pedra filosofal, apenas com a esperança de fazer ouro, era realmente uma ninharia comparado com o de nossos químicos fisiológicos (3. ed., acréscimo).

seu único outro conhecimento daquilo que, a saber, lhes está pregado das lições de catecismo ainda dos tempos da escola, e, caso ambas as partes não se ajustem muito bem uma à outra, passam imediatamente a troçar da religião, tornando-se, em seguida, materialistas insípidos, rasos[2]. Que tenha havido um Platão e Aristóteles, um Locke e sobretudo um Kant, talvez tenham ouvido falar alguma vez na escola, entretanto, por não terem manuseado nem cadinho, nem retorta, ou empalhado macacos, ninguém deu valor a uma familiaridade maior com esse pessoal; mas, jogando pela janela o trabalho do pensamento acumulado ao longo de dois milênios, filosofam algo diante do público por suas próprias e abundantes capacidades espirituais, tendo como base, de um lado, o catecismo, e, de outro, o cadinho e a retorta, ou o registro de macacos. Cabe a eles aprenderem sem rodeios que são ignorantes, que ainda têm muito que aprender, antes que possam dizer alguma coisa. E é do populacho especialmente aquele que dogmatiza ao deus dará com um realismo tão infantil e ingênuo sobre a alma, deus, o início do mundo, átomos e todas essas coisas, como se a Crítica da razão pura tivesse sido escrita na Lua e não tivesse chegado na Terra nenhum exemplar: mandem-no aos criados, para que a eles transmita sua sabedoria[3].

---

2. *Aut catechismus, aut materialismus* [ou catequismo ou materialismo] é o seu lema (3. ed., acréscimo).

3. E ele irá encontrar lá também pessoas que gostam de lançar palavras estrangeiras que apanharam sem as

Por outro lado, a outra circunstância que conclama o progresso efetivo da filosofia é, apesar de todas as dissimulações hipócritas e de todas essas vidas pseudorreligiosas, a descrença que se prolifera cada vez mais e que segue, necessária e inevitavelmente, de mãos dadas com aqueles conhecimentos empíricos e históricos de todo tipo que estão sendo cada vez mais difundidos. Ao rejeitar a forma do cristianismo, ela ameaça rejeitar também o seu espírito e sentido (muito mais abrangente do que o cristianismo em si), legando à humanidade o materialismo *moral*, ainda mais perigoso do que o materialismo químico mencionado. Quanto a isso, nada é mais útil a essa descrença do que o tartufismo tão petulante, que surge agora em toda parte como obrigatório, pregado por rapazes rudes e sebosos, ainda com a gorjeta na mão, com tanta veemência que se infiltra nas revistas críticas, eruditas, editadas pela academia ou universidade, e tanto nos livros de fisiologia, quanto nos de filosofia, nos quais, por estarem em lugar completamente incorreto, prejudicam seus objetivos, ao tornarem-lhes indignos[4]. Sob tais circunstâncias, é gratificante, portanto, ver o público interessado em filosofia.

---

compreender, tal como ele ao falar, por exemplo, do *"Idealismo"*, sem saber o que significa e o usa na maior parte dos casos no lugar de espiritualismo (que, como o realismo, é o oposto do idealismo), como pode ser visto a centenas em livros e revistas críticas eruditas ao lado de outros *quid pro quo* semelhantes (3. ed., acréscimo).

4. Deve-se mostrar-lhes em toda parte que não se acredita em sua crença (3. ed., acréscimo).

Apesar disso, devo compartilhar com os professores de filosofia uma triste notícia. Seu Kaspar Hauser (segundo Dorguth), a quem privaram tão escrupulosamente de água e luz ininterruptamente por quase quarenta anos, enclausurando-o com tanta determinação que não pode revelar ao público qualquer som de sua existência – seu Kaspar Hauser fugiu! fugiu e caminha pelo mundo – alguns dizem até se tratar de um príncipe – ou, falando em prosa: aquilo que temem mais do que tudo, ignorando e segregando com rara diligência, de modo tão unânime, unindo forças, e com um silêncio tão profundo como nunca antes, tendo êxito em saber evitar por toda uma geração – esse infortúnio, entretanto, adveio: as pessoas começaram a me ler – e não vão parar mais. Elas me leem e irão me ler. *Legor et legar*: não é diferente. Realmente ruim e muito inoportuno; uma verdadeira fatalidade, quando não uma calamidade. É essa a recompensa por um silêncio tão leal e íntimo? Por uma união tão unânime e determinada? Lamentáveis conselheiros da corte! Onde fica a promessa de Horácio:

Est et fideli tuta silentio Merces, –?

[Ao fiel silêncio também é assegurada
Uma recompensa

HOMERO, ODES, III, 2[5]]

---

5. Cf. PENNA, H. (org.). *Odes romanas*. Belo Horizonte: Fale/UFMG, 2016, p. 24-25 [N.T.].

O que não faltou foi, provavelmente, *fidelen Silentium*; ao contrário, é justamente sua força, onde farejavam sempre recompensa, e é também realmente contra ela o sutil artifício: pois o que ninguém sabe é como se não existisse. Mas se a *merces*, a recompensa, permanecerá *tuta*, assegurada, parece questionável agora; seria preciso, então, interpretar *merces* no *mal* sentido, o qual naturalmente pode ser também confirmado por boas autoridades clássicas. Os senhores perceberam corretamente que o único meio aplicável contra meus escritos seria torná-los um segredo para o público, silenciando profundamente sobre eles e fazendo um fuzuê quando nascia qualquer filho desfigurado da filosofia professoral – como os coribantes silenciaram com bramidos e fuzuês a voz do recém-nascido Zeus. Mas todos os recursos se esgotaram e o segredo foi revelado: o público me descobriu. A fúria dos professores de filosofia é grande, mas impotente: pois, após esgotado esse único meio eficaz aplicado com sucesso por tanto tempo, nenhum berreiro contra mim pode impedir mais minha efetividade, e é em vão que agora uns e outros se posicionem de um jeito ou de outro. É verdade que conseguiram fazer com que a geração autenticamente contemporânea à minha filosofia fosse enterrada sem ter notícias desta. Mas não passou de mero adiamento: o tempo, como sempre, manteve a palavra.

São duas, contudo, as razões, pelas quais minha filosofia é tão odiada pelos senhores do "negócio filosófico" (eles mesmos têm a inacreditável ingenuidade de se chamarem assim[6]). Em primeiro lugar, porque minhas obras corrompem o gosto do público, o gosto por tessitura de frases vazias, por grandes acumulações de palavras empilhadas e com nada para dizer, por rumores vazios, rasos, que torturam lentamente, pela dogmática cristã que aparece disfarçada nos trajes da mais tediosa metafísica e pela mais superficial filistinismo sistematizado que se faz de ética, que vem até mesmo com manuais de jogo de cartas e de dança, em resumo, por todos esses métodos filosóficos de saia, populares, que já espantaram muitos para sempre de toda filosofia.

O segundo motivo é que os senhores do "negócio filosófico" não podem aceitar completamente minha filosofia e, por isso, ela também não pode ser útil ao "negócio" – o que até mesmo lamentam de coração, já que minha riqueza cairia como uma luva em sua pobreza amarga. Ocorre apenas que ela nunca pôde nem nunca mais poderá encontrar piedade alguma aos seus olhos; nem se contivesse os maiores tesouros jamais alçados da sabedoria humana. Pois passa longe da minha filosofia toda teologia especulativa, junto com a psicologia racional, e são essas, justamente essas, o ar que respiram esses senhores, sua razão de vida, a *conditio sine qua non* de sua existência. Pois querem, acima de todas as coisas no Céu e na Terra, seus cargos; e seus cargos demandam, acima de todas as coisas no Céu e na Terra, teologia especulativa e a psicologia racional: *extra haec*

---

6. Cf. *Götting. Gelehrte Anzeig.* [Resenhas eruditas de Göttingen] De 1853, p.1.

non datur salus, não há salvação fora disso. É preciso e deve ser teologia: ela se origina, então, de onde quiser: Moisés e os profetas têm que estar certos: esse é o fundamento primeiro da filosofia; e acrescente, como deve ser, a psicologia racional. Ocorre, contudo, que nada parecido será encontrado nem em *Kant*, nem em mim. As mais convincentes argumentações teológicas despedaçam-se, como se sabe, afinal, diante de sua crítica a toda teologia especulativa, como um vidro atirado contra a parede, e não sobra nenhum caco de psicologia racional em suas mãos! E em mim, então, o intrépido continuador de sua filosofia, por consequência e fidelidade, elas desaparecem de uma vez por todas[7]. Em contrapartida, a tarefa da filosofia catedrática consiste no fundo em expor as verdades fundamentais principais do catecismo com um envoltório de frases e fórmulas muito abstratas, abstrusas e difíceis, que são, portanto, um martírio de tão chatas; é por isso que são desveladas sempre no final como o núcleo da questão, tão confusa, colorida, estranha e esquisita ela possa parecer à primeira vista. Esse expediente pode ter sua utilidade, mesmo que me seja desconhecida. Só sei que, na filosofia, ou seja, na investigação da verdade, o que quer dizer verdade κατ'εξοχήν [por excelência], pelo que devem ser entendidos os esclarecimentos supremos e mais importantes, estimados

---

[7]. Pois por revelações, na filosofia, nada é dado; é por isso que um filósofo, antes de tudo, deve ser um descrente (3. ed., acréscimo).

pela espécie humana acima de tudo no mundo, com esse tipo prática nunca se vai muito longe, nem uma polegada sequer; ao contrário, a pesquisa fica sem rumo; de modo que eu reconheci faz tempo na filosofia universitária os antagonistas da efetiva filosofia. Entretanto, quando, então, em tal situação, surge uma filosofia que reflete seriamente, e que está direcionada com toda seriedade à verdade e nada mais do que a verdade, os senhores do "negócio filosófico" não tinham mesmo que ficar desgostosos, qual cavaleiros do teatro em armaduras de papelão ao de repente se depararem com um cavaleiro com uma armadura efetiva, cujos passos pesados fazem o leve palco estremecer? Uma filosofia como essa *deve*, pois, ser ruim e falsa, e colocar os senhores do "negócio" no constrangedor papel de quem, para parecer o que não é, não permite que outros sejam tomados por aquilo que são. Desenvolve-se disso, contudo, o divertido espetáculo, que saboreamos: já que infelizmente não dá mais para me ignorar, agora, depois de 40 anos, os senhores começam a me medir pelas suas bitolinhas e, do alto de sua sabedoria, me julgam como se fossem completamente competentes, devido aos seus cargos; e o mais divertido de tudo é quando, agindo assim, querem se fazer de pessoas respeitáveis diante de mim.

Não muito menos do que eu, mas também de modo mais silencioso, *Kant* lhes é odiável, justamente por ter minado a teologia especulativa em seus fundamentos mais profundos, junto com a psicologia racional, o ganha-pão desses senhores, e as ter arruinado de maneira irreparável para quem pensa à sério. E não deveriam odiá-lo? Ele, que lhes dificultou tanto seu "negócio filosófico", que mal preveem como podem passar por isso sem que percam a honra e a reputação. Por isso, portanto, que somos ambos ruins, e esses senhores fingem amplamente não nos ver. Por quase quarenta anos não se dignaram a dar um olhar a mim, e agora, do alto de sua sabedoria, lançam um olhar compassivo em direção a *Kant*, rindo de seus erros. Política sábia e considerável, essa. Porque, como se não houvesse *Crítica da razão pura* no mundo, podem falar por volumes inteiros, bem à vontade, de deus e da alma, como de conhecidos e personalidades especialmente familiares a eles, e discutir, com minúcia e erudição, a relação de um com o mundo, e de outro com o corpo. É só esconder a *Crítica da razão pura* embaixo da carteira de estudo que tudo fica magnífico! Para esse fim, têm procurado, sutil e silenciosamente, já há alguns anos, livrarem-se gradualmente de *Kant*, colocando-o de lado, antiquá-lo, torcer mesmo o nariz para ele, e têm ficado agora, incentivados uns pelos outros, cada vez mais atrevidos[8]. Não precisam temer mesmo qualquer contradição em seu próprio meio: todos têm os mesmos objetivos, a mesma missão, e formam um coletivo numeroso, cujos membros espirituosos, *coram populo* [diante do

---

8. Um sempre dá razão ao outro, e nisso um público simplório acaba achando que eles realmente teriam razão (3. ed., acréscimo).

povo], ajudam-se mutuamente com reverência, em todas as direções. Assim que cada vez mais foi se chegando a um ponto em que os escritores mais mesquinhos de compêndios vão tão longe em sua petulância, que tratam as grandes e imortais descobertas de Kant como equívocos antiquados, suprimindo-os com a mais ridícula presunção e os vereditos mais vergonhosos, que declamam, entretanto, em tom de argumentação, confiantes de que têm diante de si um público crente, que não conhece o assunto[9]. E *Kant* é atingindo por escritores cuja completa incapacidade salta aos olhos a cada página, queríamos dizer a cada linha, em sua verborreia atordoante e oca de pensamentos. Se continuasse assim, *Kant* em breve apresentaria a peça em que o asno dá pontapés no leão morto. Até mesmo na França não faltam camaradas que, animados pela mesma ortodoxia, trabalham contra os mesmos alvos: vale mencionar um tal senhor Barthélemy de St. Hilaire que, em uma fala diante da *academie des sciences Morales*, em abril de 1850, se atreveu a avaliar *Kant* de cima abaixo e falar dele do modo mais indigno; por sorte, contudo, de tal modo que qualquer um logo via o que se escondia ali[10].

---

[9]. Aqui tinha em mente especialmente o *Sistema da metafísica* de Ernst Reinhold (1854, 3. ed.). Expliquei como livros como esse, que estragam a cabeça, experimentam edições repetidas no "Parergis", vol. 1, p. 171 (2. ed., vol. 1, p. 194).

[10]. Entretanto, por Zeus, todos esses senhores, na França e na Alemanha, devem ser ensinados que a filosofia não está aí para fazer o jogo do pároco. Sobretudo, porém, é preciso lhes

Outros ainda, de nosso "negócio filosófico" alemão, que, em seu esforço de desentalarem *Kant* da garganta, por sua oposição aos seus objetivos, tomam a via de não polemizar diretamente contra sua filosofia, mas de procurar solapar os fundamentos em que está edificada, estão, contudo, tão completamente abandonados por todos os deuses e faculdades do juízo, que atacam verdades a priori, ou seja, verdades tão antigas quanto o entendimento humano, e de fato apagam essas verdades, aquelas mesmas que não podem ser contraditas sem que se lhe declare guerra. Tão grande, contudo, é a coragem desses senhores. Por infelicidade três deles me são conhecidos[11] e temo que possam existir outros mais que trabalham nesse solapamento com a incrível insolência de fazerem *o espaço* surgir *a posteriori* como uma consequência, uma mera relação, dos objetos *nele*, ao afirmarem que o espaço e o tempo seriam empíricos em sua origem, dependentes dos corpos, de tal modo que o espaço surgiria somente por

---

assinalar que nós *não acreditamos na crença deles*, do que segue a consideração que temos por eles (3. ed., acréscimo).

11. *Rosenkranz, Meine Reform der Hegelschen Philosophie* [Minha reforma da filosofia hegeliana], 1852, especialmente p. 41, em tom grave e autoritário: "eu disse expressamente que espaço e tempo não existiriam se a matéria não existisse. Apenas o éter contraído em si é o espaço efetivo, apenas o seu movimento e, em consequência, o devir real de todo particular e singular, são o tempo efetivo".

L. Noack, Die Theologie als Religionsphilosophie [A teologia como filosofia da religião], 1853, p. 8 e 9.

v. Reichling-Meldegg, duas resenhas do *Geist in der Natur* [Espírito na natureza] de Örsted, na *Heidelberger Jahrbüchern* [Anais de Heidelberg] de novembro/dezembro de 1850, e de maio/junho de 1854.

nossa percepção da justaposição uns ao lado dos outros dos corpos, e o tempo, do mesmo modo, pela sucessão umas ao lado das outras das transformações (*Sancta simplicitas*!, como se as palavras coexistência, sucessão e lado pudessem ter algum sentido para nós sem as percepções anteriores do espaço e do tempo que lhe conferem significado), e que, por consequência, se não houvesse corpos, também não haveria o espaço, portanto, se aqueles desaparecessem, este teria que deixar de existir; e de tal modo que, se todas as transformações parassem de ocorrer, o tempo também se interromperia[12].

E declaram com toda seriedade uma asneira dessas depois de 50 anos da morte de Kant. Mas solapar a filosofia kantiana é mesmo o objetivo e, no entanto, estaria derrubada com *um* golpe, fossem verdadeiras tais frases desses senhores. Ocorre apenas que, felizmente, são afirmações do tipo que não merecerem receber nem uma vez sequer uma contestação, mas um riso de escárnio, afirmações, pois, nas quais não se trata, para começar, de uma heresia contra a filosofia kantiana, mas de uma heresia contra o bom-senso humano, e aqui não ocorre apenas de um ataque a um dogma filosófico qualquer, mas também um ataque a uma verdade *a priori* que, justamente como tal,

---

12. O tempo é a condição de *possibilidade* da sucessão, na medida em que esta não poderia nem ocorrer, nem ser conhecida por nós e designada por palavras. Do mesmo modo, o espaço é a condição de *possibilidade* da coexistência e a comprovação de que essas condições estão instaladas na nossa cabeça é a estética transcendental (3. ed., acréscimo).

distingue o próprio entendimento humano e, portanto, deve parecer plausível imediatamente a qualquer um que tenha juízo, tanto quanto 2 × 2 = 4. Apanhem um camponês com seu arado, faça-o entender a pergunta, e ele lhes dirá que, quando todas as coisas no céu e na terra desaparecerem, o espaço vai, sem dúvidas, continuar lá, e que, se todas as transformações no Céu e na Terra parassem de ocorrer, o tempo, sem dúvidas, continuará a fluir. Quão digno de respeito se mostra o físico francês *Pouillet* contra todos esses filosofastros alemães, quem, embora não se ocupe com metafísica, em seu bem conhecido livro didático de física, base das aulas públicas na França, não falha, logo em duas sessões meticulosas do primeiro capítulo, uma *de l'espace* e outra *du temps*, em demonstrar que, se toda a matéria fosse aniquilada, o tempo permaneceria, e também que ele é infinito: e que, se todas as transformações parassem de ocorrer, o tempo seguiria sua marcha, sem fim. Aqui, ele não invoca a experiência, como faz com frequência no resto do livro, justamente porque ela é impossível; mesmo assim, fala com certeza apodítica. Na condição de físico, cuja ciência é completamente imanente, ou seja, se limita à realidade dada empiricamente, não lhe ocorre nenhuma vez perguntar de onde é que sabe tudo isso. A *Kant* ocorreu, e justamente esse problema, que trajou na forma da pergunta rigorosa pela possibilidade de juízo sintético *a priori*, se tornou o ponto de partida e pedra fundamental de suas descobertas imortais, ou seja, da filosofia transcendental que, pela resposta justamente a essa pergunta e a outras congêneres, confirma quais as características essenciais dessa própria realidade empírica[13].

---

13. *Newton* já distinguia muito corretamente, no escólio da oitava definição, o ápice de seus *Principia*, o tempo *absoluto*, ou seja, *vazio*, do preenchido ou relativo, e, do mesmo modo, o espaço absoluto e o relativo. Ele diz (p. 11): "*Tempus, spatium, locum, motum, ut omnibus notissima, non definio. Notandum tamen, quod vulgus* [(ou seja, o tipo de professores de filosofia de que estamos falando aqui)] *quantitates hasce non aliter quam ex relatione ad sensibilia concipiat. Et inde oriuntur praeiudicia quaedam, quibus tollendis convenit easdem in absolutas et relativas, veras et apparentes, mathematicas et vulgares distingui*" [Tempo, espaço, lugar e movimento, conhecidos de todos, não vou explicar. Noto apenas que geralmente essas grandezas se apercebe de nenhuma outra maneira do que em relação ao sentido e, assim, surgem certos preconceitos que convém remover diferenciando-as em absolutas e relativas, verdadeiras e aparentes, matemáticas e habituais].

Em seguida diz ainda (p. 12):

I. Tempus absolutum, verum et mathematicum, in se et natura sua sine relatione ad externum quodvis, aequabiliter fluit, alioque nomine dictur Duratio: relativum, apparens et vulgare est sensibilis et externa quaevis Durationis per motum mensura (seu accurata seu inaequabilis), qua vulgus vice veri temporis utitur; ut Hora, Dies, Mensis, Annus.

II. Spatium absolutum, natura sua sine relatione ad externum quodvis, semper manet similare et immobile: relativum est spatii huius mensura seu dimensio quaelibet mobilis, quae a sensibus nostris per situm suum ad corpora definitur et a vulgo pro spatio immobili usurpatur: uti dimensio spatii subterranei, aerei vel caelestis definita per situm suum ad terram" [I. O tempo absoluto, verdadeiro e matemático corre em si e graças a sua natureza de maneira uniforme, sem relação com qualquer objeto exterior. É também designado com o nome de duração. O tempo relativo, aparente e habitual é uma medida do tempo perceptível e externa, nem precisa nem desigual, do qual a gente faz uso habitualmente no lugar do tempo verdadeiro, como a hora, o dia, o mês e o ano. II. O espaço absoluto permanece, graças à sua natureza e sem relação com objeto externo, sempre igual e imóvel. O espaço relativo é uma medida ou uma parte móvel do primeiro designada pelos nossos sentidos mediante sua posição em relação aos outros corpos e habitualmente tomada pelo espaço imóvel. Por exemplo, uma parte do espaço da superfície terrestre; uma parte da atmosfera; uma parte do céu, determinada pela sua posição perante a Terra].

E, setenta anos após o aparecimento da *Crítica da razão pura*, e depois de ter fama pelo mundo todo, os senhores ousam colocar à mesa essas crassas absurdidades, há muito já descartadas, e regressar às velhas cruezas. Se *Kant* retornasse agora e visse tais disparates, teria que se sentir como o verdadeiro Moisés que, retornando do Monte Sinai, encontrou seu povo dançando em torno do bezerro de ouro, o que o levou a estraçalhar as tábuas das leis. Se ele quisesse, contudo, tomar esse aspecto trágico, o consolaria com as palavras de Jesus [Ben Sirac] do Eclesiástico: "Falar ao tolo é como falar com quem está dormindo: ao terminar, ele pergunta: 'como é?'". Pois, para esses senhores, justamente a estética transcendental, esse diamante na coroa de Kant, nunca existiu: como inexistente, *non avenue*, em silêncio, a põem de lado. Para que, então, eles acreditam que a natureza realiza sua obra mais rara, um grande espírito, único entre centenas de milhões, se devem ficar à vontade para, em suas cacholas ordinárias, anularem sua lição mais importante com suas meras alegações contrárias, ou sem mais não fazer caso delas, agindo como se nada estivesse acontecendo?

Mas esse estado de brutalização selvagem e crueza na filosofia, no qual agora qualquer um

---

Mas a Newton também não ocorreu perguntar de onde viriam, pois, essas duas essências infinitas, espaço e tempo, uma vez que eles, como ele justamente enfatiza aqui, mesmo não sendo evidentes, nos seriam conhecidos, e até mesmo conhecidos de maneira tão precisa que sabemos indicar toda sua composição e legislação nos mínimos detalhes (3. ed., acréscimo).

passa o dia naturalizando sobre coisas com as quais grandes cabeças se ocuparam, é justamente uma outra consequência do fato de que os professores de filosofia permitiram com que Hegel, o petulante engraxate de baboseiras, atrevesse-se a trazer ao mercado as mais monstruosas ideias e, com isso, ter podido vigorar na Alemanha, ao longo de trinta anos, como o maior de todos os filósofos. Aí qualquer um passa a pensar que também estaria permitido se atrever a por à mesa tudo aquilo que passa por sua cabeça de pardal.

Os senhores do "negócio filosófico" estão preocupados sobretudo, como já dito, portanto, em obliterar a filosofia de *Kant*, para que possam desviar até o canal lamacento do velho dogmatismo, alegremente fabulando o dia todo sobre suas matérias preferidas, conhecidas e recomendadas, como se nada tivesse acontecido e não tivesse existido uma vez no mundo *Kant* e a filosofia crítica[14]. É daí que vem também, faz já alguns anos, a veneração e louvação afetadas anunciadas em toda parte a *Leibniz*, a quem gostam de equiparar com *Kant*, e até mesmo de o elevar acima deste, ao por vezes terem a ousadia suficiente de chamá-lo de o maior de todos os filósofos alemães. Acontece, contudo, que, *diante de Kant*, Leibniz é uma pequena luz deplorável. *Kant* é um grande espírito ao qual a humanidade agradece as verdades inesquecíveis e a cujos méritos também se junta justamente o fato

---

14. É que Kant descobriu a terrível verdade de que a filosofia deve ser algo completamente diferente de *mitologia judaica* (3. ed., acréscimo).

de que tenha libertado o mundo para sempre de *Leibniz* e suas tolas ideias sobre harmonias preestabelecidas, mônadas e *identitas indiscernibilium* [identidades indiscerníveis]. *Kant* introduziu a seriedade na filosofia e considero que fez o certo. Que os senhores pensem diferente disso não é difícil de explicar: não é *Leibniz* que tem uma mônada central e uma teodiceia para lhes dar suporte?! Isso não é pouca coisa para meus senhores do "negócio filosófico": dá para se manter e se alimentar de boa-fé. Uma "Crítica de toda teologia especulativa" kantiana, por sua vez, deixa de cabelo em pé. *Kant* só pode ser então um cabeçudo de quem a gente tem que se livrar. Viva Leibniz! Viva o negócio filosófico! Viva a filosofia popular de saias! Os senhores realmente acreditam que poderiam, segundo suas intenções mesquinhas, obscurecer o bem, rebaixar o grande, dar crédito ao falso. De certo modo, sim; mas não, de verdade, com o tempo, nem impunemente. Até eu, ao fim, me impus, mesmo com suas maquinações e mesmo tendo sido ignorado por quarenta anos maliciosamente, período no qual aprendi a entender as palavras de *Chamfort*: "*En examinant la ligue des sots contre les gens d'esprit, on croirait voir une conjuration de valets pour écarter les maitres*" [Se observar a associação dos néscios contra os argutos, poderia pensar assistir a uma conspiração de cavaleiros para afugentar os senhores].

A quem não amamos, nos dedicamos pouco. Por isso, uma das consequências dessa aversão a *Kant* é um desconhecimento inacreditável de suas doutrinas, cujas provas, de desconfiar dos meus olhos, por vezes me deparo. Devo demonstrar, pois, alguns exemplos disso. Vamos lá, antes de tudo, uma verdadeira obra-prima, mesmo que já de alguns anos atrás. No artigo "Antropologia e psicologia" (p. 444) do Prof. Michelet, o imperativo categórico de *Kant* é mencionado da seguinte forma: "tu deves, pois podes". Não há gralha: pois, em seu artigo "História do desenvolvimento da nova filosofia alemã" (p. 38), publicado três anos depois, menciona-o da mesma forma. Ou seja, mesmo fazendo a ressalva de que parece ter estudado a filosofia kantiana pelos Epigramas de Schiller, consegui;u colocar a coisa de ponta-cabeça, proferindo o contrário do famoso argumento kantiano, e é evidente que sem a mais remota noção daquilo que *Kant* queria dizer com o postulado da liberdade que está na base do seu imperativo categórico. Desconheço que algum colega seu o tenha advertido: contudo, *hanc veniam damus, petimusque vicissim* [Pedimos permissão, e damos reciprocamente. Horácio, *Arte poética*]. E apenas outro caso fresquíssimo. O resenhista mencionado acima, na nota, daquele livro de Ørsted de cujo título infelizmente o nosso teve que se apadrinhar, depara-se ali com a proposição de que "corpos são espaços plenos de força", e, a tomando por nova, sem nenhuma noção de que tem diante de si um teorema kantiano conhecido no mundo todo, a considera como opinião paradoxal do próprio Ørsted, e a discute, polemizando valente, incessante e repetidamente, em suas duas resenhas, publicadas com a diferença de três anos uma da outra, com argumentos como: "a força não é capaz de preencher o espaço sem algo que o estofe, sem a matéria"; e, três anos depois: "a força no espaço não forma coisa alguma: é preciso que exista estofo, matéria, com a qual o corpo preencha o espaço – esse preenchimento, contudo, não é possível sem estofo. Só uma força nunca o preencherá. A matéria tem que existir, para o preencher" – Bravo! Meu sapateiro também argumenta assim[15]. Quando vejo *specimina eruditionis* [Exemplos de eruditos] como esse, fico em dúvida se acima não cometi uma injustiça contra o sujeito ao contá-lo entre aqueles com aspirações de minar *Kant*. Pois, evidentemente, tinha diante dos olhos que ele diz: "o espaço é apenas a relação de justaposição das coisas" (I.c. p. 899) e, ainda: "o espaço é uma relação sob a qual as coisas estão, uma justaposição das coisas. Essa justaposição deixa de ser um conceito quando o conceito de matéria deixa de existir" (p. 908). Pois, no limite, ele poderia ter anotado essas sentenças do mesmo modo em pura inocência, na medida em que a "estética transcendental" lhe fosse tão estranha quanto os "Primeiros princípios metafísicos da ciência da natureza". Isso, contudo, seria

---

15. O mesmo resenhista (von Reichlin-Meldegg), no número de agosto dos *Heidelberger Jahrbücher* de 1855, p. 579, diz, ao expor as doutrinas dos filósofos sobre Deus: "Em Kant, Deus é uma coisa em si incognoscível". Em sua resenha da "Correspondência" de Frauenstädt, nos *Heidelberger Jahrbücher* de 1855, maio/ junho, diz que não existiria nenhum conhecimento *a priori* (3. ed., acréscimo).

um pouco demais para um professor de filosofia. Mas temos que estar preparados para tudo hoje em dia. Pois o conhecimento da filosofia crítica está extinto, muito embora seja a última filosofia efetiva que apareceu e uma doutrina que marcou época e revolucionou o filosofar como um todo, o saber e o pensamento humano em geral. Pois, pôs por terra todos os sistemas anteriores; e agora se passa que, morto o conhecimento de tal filosofia, o filosofar no mais das vezes não tem mais como base diante de si a doutrina de algum espírito privilegiado, mas um puro naturalizar o dia todo sobre a base da cultura cotidiana e do catecismo. Talvez, então, alarmados por mim, contudo, os professores, retomarão as obras kantianas. Todavia, como disse *Lichtenberg*: "em certa idade, é tão difícil aprender a filosofia kantiana quanto andar na corda bamba".

Em verdade, não me dignaria a enumerar os pecados de cada pecador; mas tive, pois cabe a mim, interessado pela verdade na Terra, de apontar o estado de prostração no qual, 50 anos após a morte de *Kant*, se encontra a filosofia alemã, em consequência das operações dos senhores do "negócio filosófico", e até onde as coisas chegariam caso esses pequenos espíritos, que não conhecem nada além de seus propósitos, pudessem atravancar, sem serem perturbados, o fluxo dos grandes gênios que iluminam o mundo. É por isso que não posso me calar; ao contrário, é um caso para o qual vale o apelo de Goethe:

Du Kräftiger, sei nicht so still,
Wenn auch sich andere scheuen.
Wer den Teufel erschrecken will,
Der muß laut schreien.

[Forte, não fique assim calado,
Mesmo que outros se acanhem.
Quem quer assustar o demônio,
Deve gritar alto].

Lutero também pensava assim.

Ódio a *Kant*, ódio a mim, ódio à verdade, ainda que tudo em *majorem Dei gloriam* [para a maior gloria de Deus] anima esses comensais da filosofia. Quem não vê que a filosofia universitária se tornou o antagonista da efetiva, que se toma a sério, cujos avanços cabe-lhes se opor? Pois a filosofia digna desse nome é justamente a pura ocupação com a verdade, consequentemente a suprema aspiração da humanidade, e, assim sendo, inadequada ao negócio profissional. Onde menos pode ter sua sede é nas universidades, como sendo o lugar em que a faculdade de teologia ocupa o posto mais elevado, estando tudo já arranjado de uma vez, portanto, antes de se chegar lá. Com a escolástica, proveniente da filosofia universitária, era diferente. Ela era confessadamente a *ancilla theologiae* [serva da teologia], e ali a palavra correspondia à coisa. A filosofia universitária atual, por sua vez, nega sê-lo, e finge independência da pesquisa:

entretanto, é meramente a *ancilla* disfarçada, e tão determinada quanto aquela a servir à teologia. Desse modo, contudo, a filosofia tomada a sério e de maneira honesta tem na filosofia universitária uma pretensa ajudante, mas na realidade antagonista. Por isso que falo já há tempos[16] que nada poderia ser mais profícuo para a filosofia do que ela deixar de ser ciência universitária; e se ali eu ainda admitia que, ao lado da lógica, que pertence incondicionalmente à universidade, na melhor das hipóteses pudesse ser ministrado ainda um pequeno curso, bastante sucinto, de história da filosofia; agora fui levado a me retratar dessa conceção pela declaração que o *ordinarius loci* (um escritor de grossos volumes de história da filosofia) nos fez em *Gelehrten Anzeigen* (p. 8) de Göttingen de 1 de janeiro de 1853: "é preciso reconhecer que a doutrina de Kant é o teísmo comum e pouco ou nada contribuiu para uma remodelação das opiniões correntes sobre Deus e sua relação com o mundo" – se é assim, então, me parece, as universidades não são mais o lugar apropriado para a história da filosofia. Ali, o propósito reina desenfreado. Evidentemente, já suspeitava há tempos que nas universidades a história da filosofia seria ministrada com o mesmo espírito e com o mesmo *grano salis* com que o fazem com a própria filosofia; só precisava de mais um impulso para que esse conhecimento se irrompesse. Assim que meu desejo é ver a filosofia, junto com sua história, desaparecer do catálogo de disciplinas, na medida em que

---

16. *Parerga*, vol. I, p. 185-187 (2. ed., vol. I, p. 209-211).

quis saber salvá-la das mãos dos conselheiros da corte. De maneira alguma, contudo, meu propósito é despojar os professores de filosofia de sua profícua atividade nas universidades. Ao contrário: gostaria de vê-los subir três graus em honra e transferidos à faculdade suprema, a professores de teologia. No fundo, já o são faz tempo e já serviram tempo suficiente como voluntários.

Aos jovens dou entrementes um conselho, honesto e bem-intencionado: não percam tempo com a filosofia catedrática, em vez disso estudem as obras de Kant e também as minhas. Ali encontrarão algo sólido para aprender, isso vos prometo, e em sua cabeça virá luz e ordem, tanto quanto ela as for capaz de receber. Não é certo se reunir em torno de uma lâmpada noturna deplorável, quase apagada, enquanto uma tocha fulgurante está à disposição; deve-se menos ainda perseguir fogos-fátuos. Especialmente, meus jovens sedentos por verdade, não deixem os conselheiros da corte lhes contarem o que tem na *Crítica da razão pura*; leiam por si mesmos. Ali encontrarão coisas bem distintas do que as que eles consideram útil que saibam. Hoje em dia se gasta muito estudo sobretudo com a história da filosofia, por esta ser, já segundo sua natureza, apropriada a fazer o saber tomar o lugar do pensamento, e agora está sendo impulsionada inclusive com o propósito de fazer com que a própria filosofia consista em sua história. Ao contrário, porém, não é precisamente necessário, nem muito frutífero, se graduar adquirindo um conhecimento superficial e pela metade de opiniões e doutrinas de todos os filósofos dos últimos dois milênios e meio: mais do que isso, todavia, não oferece a história da filosofia, até mesmo a honesta. Só se conhece os filósofos por suas próprias obras, e não por imagens distorcidas de suas doutrinas retratadas por uma cachola ordinária[17]. Certamente, contudo, com auxílio de uma filosofia qualquer é necessário trazer ordem à cabeça e, igualmente, aprender a ver o mundo de maneira efetivamente desimpedida. Ocorre, contudo, que nenhuma filosofia nos é tão próxima, pela época e pela língua, do que a kantiana, e, ao mesmo tempo, essa é uma tal que, comparada com ela, todas as anteriores são superficiais. Daí que, inquestionavelmente, se a deva preferir.

Mas estou ciente de que a notícia do Kaspar Hauser fugitivo já se espalhou pelos professores de filosofia: pois vejo que alguns já tomaram ânimo para lançar injúrias sobre mim, repletos de veneno e de bílis, em toda sorte de revistas, suprindo com mentiras o que lhes falta de engenho[18].

---

17. *"Potius de rebus ipsis iudicare debemus, quam pro magno habere, de hominibus quid quisque senserit scire"* [Temos que julgar as coisas e não dar importância para o que as pessoas acham das outras] diz *Agostinho* (*A cidade de Deus*, livro 19, cap. 3). – Com os métodos atuais, contudo, a sala de aula de filosofia se torna um quiosque de quinquilharias repleto de opiniões antigas, há tempos abandonadas e descartadas, das quais se bate a poeira novamente a cada seis meses.

18. Aproveito a oportunidade para, de uma vez por todas, pedir ao público para não acreditar incondicionalmente nos relatos sobre o que eu teria dito, mesmo que apareçam como citações, mas que antes consultem em minhas obras: nisso, muitas mentiras virão à luz do dia, mas apenas quando adicionadas as aspas, chamadas em alemão também de pés de ganso („"), é possível caracterizar a falsidade formal.

Todavia, não reclamo disso; pois a causa me alegra e o efeito diverte, como elucida os versos goetheanos:

> *"Es will der Spitz aus unserm Stall*
> *Uns immerfort begleiten:*
> *Doch seines Bellens lauter Schall*
> *Beweist nur, daß wir reiten"*

[Quer de nossa estala o cão
Para sempre nos acompanhar:
Mas seu latido soa em vão;
Só comprova nosso cavalgar]

Arthur Schopenhauer
Frankfurt a. M., agosto de 1854.

Introdução

Quebro um silêncio de dezessete anos[19] para, aos poucos que, antecipando o tempo, dedicaram sua atenção à minha filosofia, comprovar algumas confirmações que receberam empíricos desimpedidos, que a desconhecendo e seguindo o caminho regulado meramente pelo conhecimento da experiência, descobriram no seu ponto final justamente aquilo que minha doutrina dispôs como o metafísico do qual a experiência em geral tem que ser esclarecida. Essa circunstância é ainda mais encorajadora por distinguir meu sistema de todos os anteriores, na medida em que todos eles, sem excetuar até mesmo o de *Kant*, o mais novo de todos, mantém ainda um grande abismo entre seus resultados e a experiência, e muitos precisariam ainda de muito para que aqueles se aproximem sem mediação desta e com ela travassem contato. Minha metafísica se mostra, desse modo, como a única que efetivamente tem um ponto em comum

---

19. Assim escrevi em 1835, ao redigir o presente texto. É que eu não tinha publicado nada desde *O mundo como vontade e representação*, que apareceu antes do fim de 1818. Pois não é possível contar como uma interrupção desse silêncio uma adaptação latina, redigida para uso dos estrangeiros, de meu tratado, publicado já em 1816, *Sobre a visão e as cores* e anexada, em 1830, ao terceiro volume do *Scriptores ophthalmologici minoris* [Escritos oftalmológicos menores], editada por J. Radio.

com as ciências físicas, um ponto até o qual elas chegaram pelos seus próprios meios, de tal modo que efetivamente com ela se associam e concordam: e mais, isso não é levado a cabo aqui pela torção e coação das ciências empíricas segundo a metafísica, nem tornando esta naquelas que já estavam furtivamente abstraídas, e, então, à maneira de Schelling, encontrar *a priori* o que aprendeu *a posteriori* mas ambas, por si mesmas e sem terem combinado, coincidem no mesmo ponto. Por isso, meu sistema não flutua no ar, como todos os anteriores, bem acima de toda realidade e experiência; mas segue em direção a esse chão sólido da efetividade, onde as ciências físicas retomam o estudo.

As confirmações empíricas e alheias a serem aqui aduzidas dizem respeito, como um todo, ao núcleo e ponto principal de minha doutrina, à sua autêntica metafísica, ou seja, àquela paradoxal verdade fundamental de que aquilo que *Kant* opôs da mera *aparição* (que chamo de *representação*) como sendo a *coisa em si* e considerou incognoscível por excelência, a paradoxal verdade fundamental de que, digo eu, essa *coisa em si*, esse substrato de todos aparecimentos, e, com isso, de toda natureza, não é outra coisa do que algo que nos é imediatamente conhecido e muito íntimo, aquilo que encontramos no interior de nosso próprio si mesmo como *vontade*; a verdade fundamental paradoxal de que, por conseguinte, essa *vontade*, bem distante de ser, como todos os filósofos anteriores supuseram, inseparável do *conhecimento* e até mesmo um mero resultado seu, é diferente e completamente independente desta, que tem origem bem secundária e posterior, e, consequentemente, pode existir e se expressar sem ela, o que efetivamente é o caso na natureza inteira, dos animais para baixo; a paradoxal verdade fundamental de que essa vontade, na condição de a única coisa em si, o real verdadeiro único, o originário e metafísico único, em um mundo onde todo o resto é apenas aparição, ou seja, mera representação, concede a cada coisa, qualquer que seja, a força pela qual podem existir e atuar; a paradoxal verdade fundamental de que, por conseguinte, não apenas as ações arbitrárias dos animais, mas também a engrenagem impulsiva [*Getriebe*]²⁰ de seu corpo vivo, como até mesmo sua figura e composição, e ainda a vegetação das plantas e, finalmente, também a cristalização e sobretudo essa força originária no reino inorgânico que se manifesta nas aparições físicas e químicas, incluindo a própria gravidade – são, em si e fora da aparição (o que significa simplesmente fora de nossa cabeça e sua representação), definitivamente idênticos com aquilo que encontramos em nós como sendo a *vontade*, essa *vontade* da qual temos

---

20. Aqui se traduz o complexo e contraditório termo *Getriebe* por dois termos que compõem o núcleo de seu sentido usado por Schopenhauer: engrenagem e impulso. Segundo o dicionário dos irmãos Grimm, o termo tanto vem de uma tradução da palavra latina *impulsus*, quanto também faz referência ao funcionamento interior de um relógio, de uma fábrica ou pode até mesmo ser referido ao corpo humano ("der mensch ist ein zusammengesetztes getriebe" [o ser humano é um *Getriebe* acoplado], ou seja, o ser humano é uma máquina de impulsos acoplados uns nos outros, um mecanismo complexo de impulsos) [N.T.].

o conhecimento mais imediato e íntimo possível; a paradoxal verdade fundamental, além disso, de que as exteriorizações dessa vontade são postas em movimento nos seres cognoscentes, ou seja, nos animais, por motivos, mas não menos, na vida orgânica do animal e das plantas, pelo estímulo e, finalmente, no inorgânico, por meras causas no sentido mais estrito da palavra – e essa distinção diz respeito somente à aparição; a paradoxal verdade fundamental de que, porém, o conhecimento e seu substrato, o intelecto, são um fenômeno completamente diferente da vontade, meramente secundário, apenas concomitante aos níveis mais elevados da objetificação da vontade, inessencial para ela, independente da aparição dela no organismo animal e, portanto, são um fenômeno físico, não metafísico como ela; a paradoxal verdade fundamental de que, consequentemente, não se pode concluir jamais a ausência da vontade pela ausência do conhecimento; ao contrário, essa pode ser comprovada também em todas as aparições da natureza desprovidas de conhecimento, tanto na vegetal como também na inorgânica – ou seja, a vontade não está condicionada, como todos, sem exceção, supuseram até agora, ao conhecimento, muito embora o conhecimento esteja pela vontade.

E essa verdade fundamental de minha doutrina, que soa ainda agora tão paradoxal, é a que obteve, das ciências empíricas, que seguem o mais distante possível de toda metafísica, justamente tantas confirmações espantosas em todos os seus pontos principais, que, mesmo vindas de tal parte, foram impostas pelo poder da verdade: e, embora essas confirmações tenham vindo à luz apenas depois do surgimento de minha obra, isso ocorreu ao longo de muitos anos de maneiras completamente independentes desta. É vantajoso em dois aspectos que esse dogma fundamental de minha doutrina apenas agora tenha sido confirmado: a saber, em parte, porque é o pensamento principal que condiciona todas as demais partes de minha filosofia; e, por outra parte, porque essas confirmações puderam afluir de ciências que lhe são alheias, que são completamente independentes da filosofia. Pois, embora também tenham sido extraídas numerosas evidências das demais partes de minha doutrina – a ética, a estética e a dianoiológica – pela minha ocupação constante com ela ao longo de dezessete anos, estas surgem, por sua natureza, do chão da realidade de que provêm, de maneira imediata na da própria filosofia: por isso não podem portar o caráter de um atestado alheio e, porque compreendidas por mim mesmo, não são tanto irrefutáveis, inequívocas e contundentes quanto aquelas que autenticamente dizem respeito à *metafísica*, já que aquelas são fornecidas primariamente pela *física*, sua correlata (tomada no sentido amplo da palavra dado pelos antigos). A física, ou seja, as ciências da natureza em geral, na medida em que segue seus próprios caminhos, deve terminar, em todas as suas ramificações, em um ponto no qual suas explicações chegam ao fim: e esse é justamente o *metafísico*, que percebe apenas como seu limite, sendo incapaz de ultrapassar, permanecendo ali e dali em diante deixando seu objeto ao encargo da metafísica. Por isso Kant disse, com razão: "é evidente que as fontes primevas dos efeitos natureza devam ser absolutamente um tema da metafísica" (*Von der wahren Schätzung der lebendigen Kräfte*, § 51). Isso que é, portanto, inacessível e desconhecido da física, no que sua pesquisa termina e que posteriormente suas explicações pressupõem como dado, costumam designar com expressões como força da natureza, força da vida, impulso de formação e congêneres, o que não diz nada mais do que x y z. Contudo, se, então, em casos oportunos singulares, o pesquisador particularmente atencioso e perspicaz da área de ciências da natureza logra lançar um olhar furtivo, por assim dizer, pela cortina que o limita, não só não sentindo esse limite meramente como tal, mas também percebendo ainda até certo grau sua constituição e de tal maneira até que espreite o campo da metafísica para além dela, e a física, então, assim oportuna, passa a designar agora, verdadeira e expressamente, os limites explorados dessa maneira como aquilo que um sistema metafísico, que lhe era completamente desconhecido à época e que tomou seu fundamentos de um campo totalmente distinto, dispôs como a verdadeira essência interior e último princípio de todas as coisas que, por sua vez, ele reconhece, além disso, como sendo apenas aparições, isto é, representações; – então, nesse caso, é preciso que os pesquisadores dos dois campos distintos presumam de verdade serem como os mineradores que, no ventre da Terra, seguem um em direção ao outro a partir de dois pontos distantes um do outro, e, após terem trabalhado largo em ambos os lados, em escuridão subterrânea, confiando apenas na bússola e no nível bolha, finalmente vivenciam a felicidade há tanto ansiada por ouvirem as marteladas um do outro. Pois aqueles pesquisadores reconhecem agora que atingiram o ponto de contato, por tanto tempo procurado em vão, entre física e metafísica que, como o céu e a terra, não queriam nunca se chocar, introduzindo a conciliação de ambas as ciências e encontrando seu ponto de acoplamento. O sistema filosófico, contudo, o que vivenciou esse triunfo, obtém com isso uma evidência externa tão forte e suficiente de sua verdade e precisão que não é possível que exista nenhuma outra maior. Em comparação com uma confirmação como essa, que pode valer como uma contraprova, a adesão ou não a uma época não tem importância alguma, menos ainda, porém, se for observado a que se direciona tal adesão – como a que existe desde Kant. Por sobre esse jogo praticado durante os últimos quarenta anos na Alemanha sob o nome de filosofia, aos poucos os olhos do público começam a se abrir e isso ocorrerá cada vez mais: chegou o tempo do acerto de contas, e se verá se uma verdade se quer foi posta a luz por essas escritas e discussões infindas que vem ocorrendo desde Kant. Isso me livra da necessidade de debater aqui objetos indignos. Ainda mais porque isso pode ser feito, de acordo com as exigências de meu intuito, de maneira mais rápida e aprazível por uma anedota: quando Dante, no carnaval, se perdera no tumulto da mascarada e o duque de Medici ordenou procurá-lo, os incumbidos duvidaram ser possível encontrá-lo, uma vez estar ele também mascarado: por isso o duque lhes passou uma pergunta que deveriam declamar a todo mascarado que se assemelhasse de alguma maneira a Dante. A pergunta era: "quem conhece o bem?" Depois de muitas respostas tolas, um mascarado finalmente respondeu o seguinte: "quem o mal conhece". Foi assim que reconheceram Dante[21]. Com isso, seria preciso aqui dizer que não encontro motivo algum para me deixar desanimar por não aderir aos meus contemporâneos, pois tinha diante dos olhos para onde se direcionam. A posterioridade julgará de cada um suas obras; e apenas no acolhimento das figuras que se tornaram singulares é que se interessará pelos seus contemporâneos. Minha doutrina não reivindica o nome da "filosofia do tempo presente", que os tão divertidos adeptos da mistificação hegeliana quiseram disputar, mas o da filosofia do tempo por vir, daquele tempo que não se satisfará mais com lereia, frases ocas e paralelismos lúdicos, mas que exigirá da filosofia conteúdo real e explicações sérias, se poupando também, entretanto, da reivindicação injusta e incongruente de que deva ser uma paráfrase da religião local de cada um: "pois é algo muito incongruente esperar esclarecimento da razão e, contudo,

---

21. Balthasar Gracián, *El criticón*, 3, 9, quem poderá justificar o anacronismo.

prescrever previamente para qual lado ela deva necessariamente se inclinar" (Kant, I. *Crítica da razão pura*, p. 755, 5. ed.) – triste viver em uma época de decadência tão profunda que uma tal verdade, compreensível por si mesma, ainda precise primeiro ser acreditada pela autoridade de um grande homem. Mas é risível quando se espera grandes coisas de uma filosofia acorrentada, e bastante divertido ver quando estes, com seriedade festiva, se dispõem a tal, enquanto todos já conhecem desde muito do longo discurso o sentido curto. Gente mais sagaz, contudo, em sua maioria, quis reconhecer a teologia, disfarçada sob o manto da filosofia, que guia a palavra e que ensinara a seu modo o estudante sedento de verdade – o que faz lembrar, então, de uma conhecida cena do grande poeta. Todavia, outros, cujo olhar quer penetrar ainda mais profundo, afirmam que o que se esconde nesse manto não seria teologia, nem tampouco filosofia, mas apenas um pobre-diabo que, ao fingir buscar a alta, sublime verdade com a mais solene expressão e com profunda seriedade, de fato não procura nada mais do que um pedaço de pão para si e a futura jovem família, o que evidentemente poderia conseguir por outros caminhos com menos esforço e mais honra, enquanto por esse preço se dispõe ao que for exigido, e se for necessário deduzir a priori até mesmo o diabo e sua avó, pois é, ou se for preciso, intui-los intelectualmente; – no que, contudo, o mais alto efeito do cômico é então atingido no mais raro grau pelo contraste da altura suposta com a baixeza da finalidade real, e, não obstante, porém, continua desejável que o solo puro e sagrado da filosofia seja fermentado por essa gente que trata a filosofia como um negócio, como antigamente o templo de Jerusalém o fora pelos comerciantes e cambistas. – Até, portanto, esse tempo melhor chegar, o público filosófico pode dispensar sua atenção e adesão como tem feito até agora. Como até agora, ao lado de *Kant* – esse grande espírito que a natureza só faz acontecer uma vez, iluminando suas próprias profundezas – foi nomeado até agora, a cada vez e obrigatoriamente, apenas outro ainda, a saber, Fichte; sem que também *uma* voz se quer conclame: "'Ηρακλῆς καὶ πίθηκοσ!" [Hércules e seu macaco!] – Como até agora, a filosofia de Hegel do absurdo absoluto (¾ puro absurdo, ¼ em ideias disparatadas) será também daqui em diante sabedoria inescrutavelmente profunda, sem que o dito de Shakespeare *"such stuff as madmen tongue and brain not"*[22] seja proposto como mote de seus escritos, e a vinheta emblemática de uma lula que gera uma nuvem de obscuridade em torno de si, para que não se veja o que é, com a notação *mea caligine tutus* [Seguro em minha obscuridade]. Como até agora, por fim, que se coloque em uso das universidades, além disso, todo dia novos sistemas, compostos puramente de palavras e frases, adiciona-se

---

22. "[Ainda é sonho, se não for, acaso,/ qualquer] tolice, dessas que os loucos/ falam sem compreender. [Ambos ou nada:/ ou palavras sem nexo, ou mais profundo/ discurso para ser analisado.]" Sheakespeare, *Cimbelino*, V, IV, 149-151. Trad. de Carlos Alberto Nunes [N.T.].

um jargão erudito, sobre o qual pode-se ficar falando o dia inteiro sem que se diga nada, e que essa alegria jamais seja incomodada por aquele dito árabe: "ouço o ranger do moinho; mas a farinha é que não vejo". Pois tudo isso simplesmente está adequado ao tempo e deve ter o seu decurso; como, pois, em toda época algo análogo esteja à disposição com o qual os contemporâneos com mais ou menos barulho se ocupam e, então, se extingue tão completamente e desaparece de tal maneira, sem deixar vestígios, que a próxima geração não sabe mais dizer o que era. A verdade pode esperar: pois ela tem uma longa vida diante de si. O que é autêntico e bem-intencionado segue devagar e sempre chega a seu destino; é claro que quase como um milagre; pois, em seu aparecimento, é recebido, de regra, de maneira fria, inclemente, muito pelo mesmo motivo por que também depois, quando chega ao reconhecimento completo na posteridade, a incalculável grande maioria das pessoas faz valer apenas a autoridade, para não se comprometer, permanecendo o número de franco apreciadores, porém, quase sempre ainda tão pequeno quanto de início. Apesar disso, esses poucos são capazes de mantê-la em prestígio, pois eles mesmos são prestigiados. Eles a passam, então, de mão em mão, por sobre as cabeças da multidão incapaz, através dos séculos. É assim difícil a existência do melhor patrimônio da humanidade. – Em contrapartida, se a verdade, para ser verdade, tivesse que suplicar permissão àqueles que têm coisas completamente diferentes no coração; aí seria possível evidentemente duvidar de seu caso, aí seria melhor lhe saudar com a contrassenha das bruxas: "*fair is foul, and foul is fair*"[23]. Ocorre apenas que, por sorte, as coisas não se passam dessa maneira: a verdade não depende de nenhum favor ou desfavor, nem tem que pedir permissão a ninguém: segue sempre por conta própria, com seus próprios pés, o tempo é seu aliado, sua força é irresistível, sua vida, indestrutível.

---

[23]. "Belo é feio, e feio é belo" Sheakespeare, Macbeth, I, I, 12 [N.T.].

Fisiologia e patologia

Antes de classificar as confirmações empíricas acima mencionadas de minha doutrina segundo as ciências das quais procedem, seguindo como fio condutor das discussões que empreenderei a marcha gradual da natureza de cima para baixo, tenho que discorrer primeiro sobre uma confirmação muito patente que meu dogma principal recebeu nos últimos anos pela visão fisiológica e patológica de um veterano da medicina, o médico dinamarquês real particular *J. D. Brandis*, cujo *Ensaio sobre a força vital* (1795) *Reil* já recebera com especial louvor. Nos seus dois últimos textos, *Experiências sobre a aplicação do frio em doenças*, Berlin 1833, e *Nosologia e terapia das catexias*, 1834, lhe observamos pôr, do modo o mais explícito e patente, uma *vontade inconsciente* como fonte de todas as funções vitais, da qual derivam todos os processos no mecanismo impulsivo do organismo, tanto em estados doentes, quanto saudáveis, e apresentá-la como *primum mobilei* [primeiro motor] da vida. Preciso provar isso com citações literais de seus textos, uma vez que estas passagens poderiam no máximo estar à mão do leitor médico.

No primeiro dos dois escritos, está registrado: "a essência desse organismo vivo consiste em querer manter, na medida do possível, seu próprio ser perante o macrocosmos" (p. viii). E ainda: "só *um* ser vivo, só *uma* vontade, pode ter lugar em um órgão em um momento dado: existindo, portanto, no órgão principal uma *vontade* doente, que não se harmoniza com a unidade, então o frio deve reprimi-la até que possa gerar a produção de calor, uma *vontade* normal" (p. x).

Já na primeira página: "caso precisemos ser convencidos de que em todo ato da vida deva ter lugar algo *determinante* – uma *vontade* pela qual se origina a formação apropriada a todo organismo e se condiciona as alterações de forma das partes em concordância com toda a individualidade – e algo a *ser determinado* ou formado etc.". E: "quanto à vida individual, o determinante, a *vontade* orgânica, deve poder receber o suficiente do determinado, caso ela deva cessar, satisfeita. Isso ocorre até mesmo em processos vitais elevados da inflamação: se forma algo novo, e se expele o que é danoso; até que isso se passe, mais daquilo que será formado é levado pelas artérias e mais do sangue venoso é retirado, até que o processo de inflamação termine e a *vontade* orgânica esteja satisfeita. Essa *vontade*, contudo, pode também ficar excitada a tal ponto que não possa mais ser satisfeita. Essa causa excitante (estímulo) atua seja de modo imediato no órgão singular (veneno, contágio) ou atinge toda a vida, de modo que essa vida, então, logo passa a fazer esforços supremos para retirar o danoso ou modificar a *vontade* orgânica, excitando atividades vitais críticas, inflamações, em partes separadas, ou sucumbindo à *vontade* insatisfeita" (p. 11). Já na página duodécima: "a *vontade* anômala, que não deve ser satisfeita, atua no organismo dessa maneira destrutiva, a menos que: a) a vida como um todo que anseia pela unidade (tendência à conformidade a um fim) crie outras atividades vitais a serem satisfeitas (*crises et lyses*) que suprimam àquela *vontade* e que se chamam crise decisiva (*crises completae*) quando a realizam completamente, e *crises incompletae* quando desviam a *vontade* apenas parcialmente; ou b) outro estímulo (medicamento) crie outra *vontade* que suprima aquela doente. Se colocarmos isso com a *vontade* que surge consciente e por representações sob uma única categoria, nos resguardando de não poder falar aqui sobre analogias próximas ou distantes, então nos convencemos que empunhamos o conceito fundamental de *uma* vida *única*, indivisível e ilimitada, que pode fazer, no corpo humano, crescer o cabelo ou as combinações mais sublimes de representações, dependendo de em qual dos diferentes órgãos se manifesta, se em um mais ou em um menos dotado e exercitado. Vemos que o afeto mais intenso – a *vontade* insatisfeita – pode ser suprimido por uma excitação forte ou fraca, e assim por diante" (p. 18). "A temperatura exterior é uma ocasião pela qual o determinante – essa tendência de conservar o organismo como unidade, *essa vontade orgânica sem representação* – modifica sua atividade ora no mesmo órgão, ora em outro. Toda manifestação vital [*Lebensäußerung*], contudo, é a manifestação [*Manifestation*] da *vontade* orgânica, esteja doente ou saudável: *essa vontade determina a vegetação*. No estado saudável, pela concordância com a unidade do todo. No doente [...] é induzido a *não querer* a concordância com a unidade". "Uma exposição súbita da pele ao frio suprime sua função (resfriado), uma bebida gelada faz o mesmo com a *vontade orgânica* do órgão digestivo, aumentando, com isso, a da pele, produzindo transpiração; do mesmo modo a *vontade orgânica* doente: o frio suprime as erupções cutâneas etc." (p. 23). "A febre consiste em toda uma participação dos processos vitais em uma *vontade* doente, sendo, portanto, todo um processo vital, a mesma coisa que uma inflamação nos diferentes órgãos: o esforço da vida de formar algo determinado, de prover o suficiente para a *vontade* enferma e afastar o que lhe é prejudicial. Quando isso é formado, chamamos de crise e lise. A primeira percepção de algo danoso, que causa a *vontade* enferma, atua tanto na individualidade, como também no danoso percebido pelos sentidos, antes de termos compreendido toda a relação dela com nossa individualidade e os meios para afastá-la. Passam a atuar o temor e seus efeitos, paralização do processo vital em parênquima e, primeiramente, em suas partes voltadas ao mundo exterior, na pele e nos músculos que movimentam toda a individualidade (o corpo exterior): calafrio, frio, tremedeira, dores nas articulações etc. A diferença entre ambos os casos é: que no último o danoso, imediatamente ou aos poucos, logo se compreende de maneira clara, pois é comparado por todos os sentidos com a individualidade, de modo a determinar sua relação com a individualidade e esta assegurar o meio contra isso (desprezo, fuga, defesa), podendo logo acarretar em uma *vontade consciente*: no primeiro caso, ao contrário, o danoso não chega à consciência, e só a vida (aqui, o poder curativo da natureza) se empenha em afastar o danoso e, com isso, suprimir a *vontade* doente. Isso não deve ser visto como analogia, mas como sendo a verdadeira descrição da manifestação da vida" (p. 33). "Lembre-se sempre, contudo, de que o frio age aqui como um meio excitante intenso com a finalidade de suprimir ou moderar a *vontade* doente e despertar em seu lugar uma *vontade* natural da geração geral de calor" (p. 58).

Quase em todas as páginas do livro encontramos observações semelhantes. No segundo dos escritos mencionados do senhor Brandis, a explicação da vontade fica mais diluída entre suas discussões pormenorizadas, provavelmente por considerar que, na verdade, seja uma questão metafísica, a preservando, todavia, completamente, e até mesmo a articulando da maneira mais determinada e clara, nos lugares em que aparece. Assim fala ele no parágrafo 68 e subsequentes de uma "*vontade inconsciente*, inseparável da consciente", e que é o *primum mobile* de toda a vida, tanto das plantas como dos animais, como estando nela o determinante de todos os processos vitais (secreções e assim por diante), um desejo e uma aversão que se manifestam em todos os órgãos. No parágrafo 71: "todas as convulsões comprovam que a manifestação da vontade pode ter lugar sem uma clara faculdade representacional". Parágrafo 72: "Vamos parar em toda parte em uma atividade originária e não compartilhada que, determinada seja pelo mais sublime livre-arbítrio humano, seja por desejo ou aversão animais, ou ainda pela simples necessidade, mais vegetativa, desperta na unidade do indivíduo diversas atividades a fim de se manifestar". "Em cada manifestação vital se revela uma criação, uma atividade originária e não compartilhada. [...] O terceiro fator dessa criação individual é *da vontade, da vida do próprio indivíduo*. Os nervos são condutores dessa criação individual; por meio deles que forma e mistura são modificadas por desejo e aversão" (p. 96). "A assimilação da matéria estranha [...] forma o sangue, [...] não pela absorção, nem pela exsudação, da matéria orgânica, [...] mas em geral é um fator da aparição *de uma vontade criadora*, a vida que de modo algum pode ser reduzida a um movimento compartilhado" (p. 97).

Quando escrevi isso, em 1835, era ainda ingênuo o bastante para seriamente acreditar que ao senhor Brandis minha obra fosse desconhecida: caso contrário, não teria mencionado aqui seus escritos; uma vez que não seriam confirmação, mas repetição, aplicação e continuação de minha doutrina sobre esse ponto. Só que acreditei poder presumir com segurança que ele não me conhecia; pois não menciona nada de meu em nenhum lugar, e caso tivesse me conhecido, a honestidade literária teria requerido que não silenciasse completamente a respeito do homem do qual emprestou seu pensamento principal e fundamental, e menos ainda, pela ignorância geral de sua obra, vê-lo sofrer de uma negligência imerecida, a qual poderia ter sido interpretada justamente como favorecendo uma apropriação indevida. Soma-se a isso que teria sido oportuno ao próprio interesse literário do senhor Brandis, um ato, portanto, de sabedoria, me mencionar. Pois a doutrina fundamental disposta por ele é tão espalhafatosa e paradoxal que já a recensão que obtivera de Göttingen se espantara, sem saber o que devia fazer com aquela: e o senhor Brandis na verdade não a fundamentou com provas ou por indução, nem a verificou em sua relação com o todo do nosso saber da natureza, mas simplesmente a afirmou. Imaginei que a alcançara por aquele dom divinatório peculiar de médicos exímios de reconhecerem e aproveitarem o justo, no leito do enfermo, sem que pudesse dar explicações metodológicas e rigorosas das razões dessa verdade propriamente metafísica, ainda que devesse ter logo visto quanto ela se distancia das opiniões vigentes. Tivesse ele, eu pensava, conhecido minha filosofia, que dispõe essa mesma verdade em extensão muito maior, fazendo com que valesse para toda a natureza, fundamentando-a com provas e por indução, em conexão com a doutrina kantiana, derivando dela por meramente pensá-la até o final; quão bem-vinda deveria lhe ter sido poder mencioná-la e nela se respaldar para que não ficasse parado ali sozinho com uma afirmação inaudita que, contudo, nele não passa justamente disto, de mera afirmação. Foram por essas razões que acreditara, na época, poder presumir como evidente que o senhor Brandis realmente não conhecia minha obra.

Desde então, contudo, tenho conhecido melhor os eruditos alemães e os acadêmicos de Copenhagen, aos quais o senhor Brandis pertence, e me convenci que ele me conhece é muito bem. A razão disso já expus em 1844, nos dois tomos do *Mundo como vontade e representação* (cap. 20, p. 263; 3. ed., p. 295), e não quero repeti-la, já que o assunto todo é desagradável, mas apenas acrescento que, desde então, obtive de mãos muito boas a informação segura de que não só o senhor Brandis de fato conhecia minha principal obra e até mesmo estava por ela obcecado, como também que ela fazia parte de seu espólio. A obscuridade desmerecida que um escritor como eu sofreu por tanto tempo encoraja tais pessoas até mesmo a se apropriarem, sem qualquer menção, de seus pensamentos principais.

E pior, como o senhor Brandis, outro médico agiu de modo parecido, ao não se contentar apenas com os pensamentos, tomou também ainda as palavras. Seu nome é senhor *Anton Rosas*, funcionário público, professor na Universidade de Wien, quem, simplesmente transcreveu literalmente, em todo o parágrafo 507 do primeiro tomo de seu *Manual de oftalmologia* de 1830, do meu tratado "Sobre a visão e as cores" de 1816, e especificamente das páginas 14 a 16, sem se quer me mencionar, ou ao menos fazer algum tipo de marcação que avisasse que ali falava outra pessoa que não ele. Já disso se explica de maneira suficiente por que, ao elencar 21 textos sobre a cor e 40 sobre a fisiologia do olho, o que ele faz nos parágrafos 542 e 567, se resguarda de citar meu tratado: ocorre que isso foi tão mais recomendável, já que não poderia ter se apropriado de ainda muito mais desse tratado se me mencionasse. No parágrafo 526, por exemplo, aquilo que "se" é afirma, o foi só por mim. Todo o seu parágrafo 527 foi transcrito, só que não de maneira totalmente literal, das páginas 59 e 60 de meu tratado. O que, no parágrafo 535, introduz sem mais como algo "evidente", a saber, que o amarelo é ¾ e o violeta ¼ da atividade do olho, jamais foi "evidente" a ninguém até que eu tivesse "evidenciado", sendo uma verdade até os dias atuais conhecida por poucos, aceita por menos ainda, e para que pudesse ser chamada, sem mais, de "evidente", muito ainda é preciso, entre outras coisas, que eu esteja enterrado: até que isso aconteça, é preciso continuar protelando sua comprovação séria, pois esta fácil e realmente poderia tornar *evidente* que a verdadeira diferença entre a teoria das cores de Newton e a minha consiste em que a dele é falsa e a minha verdadeira, o que, para os contemporâneos, pois, não poderia ser outra coisa do que ofensivo, pelo que, de maneira sábia e por costume antigo, protelam sua comprovação séria ainda alguns poucos anos até que isso aconteça. O senhor Rosas não teve conhecimento dessa política, ao contrário, precisamente como Brandis, o acadêmico de Kopenhagen, uma vez que não se fala sobre o assunto em lugar nenhum, achou que poderia considerá-lo *de bonne prise* [uma presa fácil]. Vê-se como a honestidade nortista e a sulista da Alemanha ainda não se entenderam por completo. Além disso, todo o conteúdo dos parágrafos 538, 539 e 540 do livro do senhor Rosas foi tomado do meu parágrafo 13, transcrito literalmente em sua maior parte. Uma vez, contudo, ele se viu compelido a citar meu tratado, precisamente no parágrafo 531, onde precisa de um homem que lhe dê garantia de um fato. Engraçada é a maneira como ele insere até mesmo as frações numéricas com as quais expresso as cores, como consequência de minha teoria. A saber, pode ter lhe parecido capciosa essa apropriação tão *sans façon* [sem cerimônia] disso, que diz, então: "*quiséssemos* expressar a relação antes pensada entre as cores e o branco com números, e supondo branco = 1, então pode se estabelecer aproximadamente (como Schopenhauer fizera) as seguintes proporções: amarelo = ¾, laranja = ⅔, vermelho = ½, verde = ½, azul = ⅓, violeta = ¼, preto = 0" (p. 308). Ora, só queria saber como pode fazer assim aproximadamente, sem antes ter concebido toda minha teoria fisiológica das cores, apenas à qual esses números se referem e sem a qual são números sem sentido ou significado, e, sobretudo, como se pode fazer isso se se é, como o senhor Rosas, adepto da teoria das cores newtoniana, com a qual esses números estão em contradição direta; por fim, como é que, desde séculos que as pessoas pensam e escrevem, até então jamais alguém tivesse chegado a propor justamente essas frações numéricas como expressões das cores, a não ser apenas nós dois, eu e o senhor Rosas? Pois dizer que ele as teria disposto precisamente dessa maneira, mesmo que não por acaso eu "já" tivesse feito isso 14 anos antes e, desse modo, apenas desnecessariamente estivesse adiantado a ele, é o que implicam suas palavras há pouco mencionadas, das quais pode se ver que se trata só de "querer". Ora, mas é justamente nessas frações numéricas que reside o segredo das cores, sendo somente por meio delas que se obtém o verdadeiro esclarecimento da essência das cores e da diferença entre elas. Mas eu seria feliz se o plágio fosse a maior desonestidade a macular a literatura alemã; há muito mais disso, coisas ainda mais invasivas e perniciosas, em relação às quais o plágio está do mesmo modo que um simples *pickpocket* para um crime capital. Refiro-me àquele espírito rasteiro e desprezível, mediante o qual o interesse pessoal é estrela guia, a qual deveria ser a verdade, e a intenção [*Absicht*] fala sob a máscara da compreensão [*Einsicht*]. Hipocrisia e adulação estão na ordem do dia, faz-se tartufices sem nem esconder, ressoa o capuchar do santuário consagrado pelas ciências: a sagrada palavra esclarecimento se tornou um tipo de insulto, os grandes homens dos séculos passados, Voltaire, Rousseau, Locke, Hume, são caluniados, esses heróis, esses adornos e benfeitores da humanidade, cuja glória, propagada pelos dois hemisférios, caso se possa fazer algo em relação a ela, seria apenas glorificá-los ainda mais, já que em qualquer tempo e em todo lugar em que surgirem obscurantistas, aqueles serão os seus mais amargos inimigos – e terão motivos para isso. Facções e irmandades literárias são estabelecidas por vitupério e elogios, passando a enaltecer e divulgar o que é ruim, e difamar o que é bom, ou ainda, como diz Goethe, *"segredar por um silêncio inquebrantável, à qual tipo de censura inquisitória os alemães foram levados"* (Diário e anuário, janeiro de 1821). Os motivos e considerações, contudo, dos quais isso tudo surge, são baixos demais para que eu queira me dedicar a enumerá-los. Que grande distância, pois, entre a *Edinburgh Review*, escrita por *gentlemen* independentes em nome dos assuntos, cujo nobre mote extraído de Publílio Siro – *judex damnatur, cum nocens absolvitur* [o juiz é condenado, quando o culpado é absolvido] – portam com honra[24], e as revistas literárias alemãs cheias de intenções e considerações, desonestas e pusilânimes que, em grande parte fabricadas por mercenários em nome do dinheiro, têm como mote: *accedas socius, laudes, lauderis ut absens* [associe-se, louve e em ausência será louvado]. Só agora, depois de 21 anos, que entendo o que *Goethe* me disse em 1814, em Berka, onde o encontrei entretido com o livro de madame de *Staël, De L'Allemagne* [Da Alemanha], e, então, puxei conversa pronunciando que ela faz uma descrição exagerada da sinceridade dos alemães, o que poderia gerar ira nos estrangeiros. Rindo, ele disse: "sim, certamente,

---

24. Isso foi escrito em 1836, desde tal época a *Edinburgh Review* tem se rebaixado, não sendo mais o que fora: cheguei a me deparar até mesmo com a sermoa calculada para o povaréu simples.

não vão encadear as malas, que logo lhes serão apartadas". Então ficou sério: "mas quem quiser conhecer a desonestidade dos alemães em toda sua extensão precisa se inteirar da literatura alemã". Sem dúvida! Só que entre todas as desonestidades da literatura alemã, a mais escandalosa é o servilismo para com sua própria época de supostos filósofos, na verdade obscurantistas. *Zeitdienerei*, servilismo para com sua própria época: a palavra, que formei diretamente do inglês, *time-server*, não necessita de explicação alguma, menos ainda de comprovação aquilo de que trata: pois se houver alguém com peito de negar isso, irá apenas passar um belo recibo do meu tema atual. *Kant* ensinou que se deve tratar as pessoas sempre como fins, nunca como meios: que a filosofia deve ser manejada como fim, não como meio, acreditava não precisar dizer a sério. Por necessidade, pode-se desculpar o servilismo para com seu próprio tempo nas roupas, do hábito à pele de arminho, mas não no tribonio, o manto da filosofia: pois quem o veste jurou pela bandeira da verdade, e, em seu serviço, qualquer outra preocupação, seja ao que for, será traição ignominiosa. É por isso que Sócrates não evitou a cicuta e Bruno, a fogueira. Aqueles lá, porém, podem ser atraídos com um pedaço de pão. São tão míopes que não veem que a posteridade está logo ali, ao seu lado, na qual se senta, implacável, a história da filosofia, escrevendo com buril de ferro e mão firme, em seu livro imortal duas linhas mordazes de condenação? Ou isso não os inquieta? – em caso de necessidade, certamente pode-se dizer *aprés moi le déluge* [depois de mim, o dilúvio]; entretanto, *aprés moi le mépris* [depois de mim, o desprezo] não sobe aos lábios. Acredito, por isso, que à tal juíza, dirão: "ai, prezada posteridade e história da filosofia, estão enganadas por nos levarem a sério: não somos mesmo filósofos, pelos céus!, não, meros professores de filosofia, meros funcionários públicos, meramente filósofos por diversão!, é como se quisesse levar o cavaleiro do teatro, armado em papelão, a um torneio de verdade". A juíza logo compadecerá, riscando todos os nomes e provendo-lhes o *beneficium perpetui silentii* [benefício do silêncio perpétuo].

Dessa digressão a que me deixei levar, faz 18 anos, pela visão do servilismo para com a própria época e do tartufismo, que nunca floresceram tanto quanto hoje, retorno à parte de minha doutrina, se já conhecida pelo senhor Brandis, ainda assim confirmada, para apresentar algumas elucidações dela, nas quais em seguida ainda atarei algumas outras da parte da fisiologia.

As três suposições criticadas por Kant na dialética transcendental sob o nome de ideias da razão e, por consequência, eliminadas da filosofia teórica, sempre se mostraram, até a completa remodelação da filosofia produzida por esse grande homem, ser um impeditivo para a compreensão profunda da natureza. Para o objeto de nossa consideração atual, um obstáculo como esse era a assim chamada ideia racional da alma, essa essência metafísica, em cuja simplicidade estavam ligados e fundidos, em unidade eterna e inseparável, o conhecer e o querer. Enquanto isso durou, nenhuma fisiologia filosófica pôde ser realizada; menos ainda, pois com ela, igualmente, também tinha que ser necessariamente posto seu correlato, a matéria real e puramente passiva, como material do corpo[25]. Tal ideia racional da alma foi, portanto, a responsável por, no início do século passado, o famoso químico e fisiologista *Georg Ernst Stahl* ter que se equivocar em relação à verdade, mesmo tendo chegado tão próxima dela e provavelmente a teria alcançado, se tivesse podido colocar, no lugar da *anima rationalis* [alma racional] a vontade nua, ainda sem conhecimento, somente metafísica. Só que, sob influência de tal ideia racional, não pôde professar outra coisa senão ser aquela alma simples, racional, que forma o corpo, dirigindo e executando todas as suas funções interiores, dos órgãos, e, faz tudo isso, contudo, não sabendo ou experimentando nada disso, ainda que o conhecimento fosse a determinação fundamental e, por assim dizer, a substância de sua essência. Tem algo de absurdo aí, o que a doutrina torna completamente insustentável. Ela foi suplantada pela irritabilidade e sensibilidade de Haller que, embora sejam tomadas de maneira puramente empírica, para tanto também são duas *qualitates occultae* [qualidades ocultas], nas quais a explicação termina. O movimento do coração e as vísceras passaram então a serem atribuídas à irritabilidade. A *anima rationalis*, contudo, permaneceu

---

25. Como uma essência que consiste em si mesma, uma coisa em si (3. ed., acréscimo).

intacta em sua reputação e dignidade, como um hóspede estrangeiro na casa do corpo[26]: "a verdade está no fundo da fonte", disse Demócrito, e suspirando, os séculos repetiram suas palavras: mas não admira que, assim que queira sair, ela fique ao alcance das mãos.

O traço fundamental da minha doutrina, que a coloca em oposição a todas as outras que jamais existiram, é a completa disjunção entre a vontade e o conhecimento, que os filósofos que me procederam viram como indissociáveis, condicionando a vontade ao conhecimento como sendo o material fundamental de nossa essência espiritual, e até mesmo aquela geralmente como uma simples função desta. Tal separação, contudo, tal decomposição do eu ou da alma, por tanto tempo indivisível, é para a filosofia aquilo que a decomposição da água foi para a química, mesmo que tome tempo para que isso venha a ser reconhecido. Em minha doutrina, o eterno e indestrutível no humano, que constitui, portanto, também o princípio vital nele, não é a alma, mas, me permitindo empregar um termo da química, o radical da alma, e isso é a *vontade*. A assim chamada alma já é composta: é a conexão da vontade com o voῦς, o intelecto. Esse intelecto é o secundário, o *posterius* do organismo e, como mera função cerebral, por este condicionado. A vontade, ao contrário, é primária, é o *prius* do organismo e este por ela condicionada. Pois a vontade é aquela essência em si que apenas

---

[26]. Mesmo que ocupando cômodo principal (3. ed., acréscimo).

na representação (essa mera função cerebral) aparece como um tal corpo orgânico: somente em virtude das formas do conhecimento (ou funções cerebrais), ou seja, apenas na representação, o corpo de cada um é dado como algo extenso, articulado, orgânico, não fora desta, nem de maneira imediata na autoconsciência. Assim como as ações do corpo são atos individuais da vontade que se figuram apenas na representação, também seu substrato, a figura desse corpo, é sua imagem no todo; é por isso que a vontade é o *agens* [agente] em todas as funções orgânicas do corpo, tal como o é também em suas ações externas. A verdadeira fisiologia, em seu ápice, demonstra o espiritual no humano (o conhecimento) como sendo produto de sua composição física, e *Cabanis* levou isso a cabo como ninguém; mas a verdadeira metafísica nos ensina que essa própria composição física é mero produto, ou melhor, aparição, de algo espiritual (da vontade), que a própria matéria está condicionada pela representação, unicamente na qual existe. A percepção e o pensamento têm sido cada vez mais explicadas pelo organismo, a vontade, porém, nunca, mas inversamente, o organismo desta, tal como demonstro a seguir. Estabeleço, portanto, primeiro a *vontade,* na condição de *coisa em si*, como algo integralmente originário; segundo, sua mera visibilidade, objetivação, o corpo; e, terceiro, o conhecimento como mera função de uma parte desse corpo. Essa mesma parte é a vontade de conhecer objetivada (tornada representação), na medida em que a vontade, para seus fins, necessita de conhecimento. Contudo, essa função, então, recondiciona o mundo inteiro como representação, incluindo também o próprio corpo, na medida em que é objeto perceptivo, ou seja, matéria em geral, e, nessa condição, disponível apenas na representação. Pois um mundo objetivo, sem um sujeito, em cuja consciência tal mundo fique, é, se considerar bem, algo totalmente impensável. O conhecimento e a matéria (sujeito e objeto) existem, portanto, apenas relativos um para o outro e constituem a *aparição*. O assunto, portanto, está agora de tal modo, depois de minha modificação fundamental, como jamais estivera antes.

Quando se volta, se efetua, para fora, se voltando a um objeto conhecido, passando pelo meio do conhecimento, portanto, aí todos conhecemos o que está ativo aqui como *vontade*, e é disso que ela recebe seu nome. Só que ela não está menos ativa nos processos internos, que antecedem essas atividades externas como condição, e que criam e contém a vida orgânica e seu substrato, sendo sua obra também a circulação sanguínea, a secreção e a digestão. Mas justamente porque só se a conhece ali, onde, abandonando o indivíduo do qual parte, se dirige ao mundo exterior, que, justamente para esse fim, a partir disso, se representa como aparição, que o conhecimento obteve sua condição essencial, seu elemento único, até mesmo o material do qual ela consiste, e, com isso, se iniciou a maior ὕστερον πρότερον [inversão da ordem das coisas] que jamais existiu.

Antes de qualquer coisa, contudo, é preciso saber diferenciar vontade [*Wille*] de arbítrio [*Willkür*], e perceber que aquela não pode existir sem este, o que evidentemente é um pressuposto de toda a minha filosofia. Chama-se o arbítrio de vontade ali, onde o conhecimento a ilumina e, por isso, onde as causas que o movem são motivos, ou seja, representações: ela se chama assim, objetivamente falando, onde a influência do exterior que causa o ato é mediada por um *cérebro*. O *motivo* pode ser definido como um estímulo exterior sob cuja influência uma *imagem* surge primariamente no cérebro, sob cuja mediação a vontade realiza o efeito autêntico, a ação externa do corpo. Na espécie humana, contudo, pode assumir o lugar dessa imagem um conceito retirado de imagens desse tipo anteriores, pela remoção de suas diferenças, não sendo mais, consequentemente, perceptível, mas fixado e descrito somente por palavras. Pois a influência dos motivos em geral não está ligada, portanto, ao contato, elas podem medir umas contra as outras suas forças de efetivação sobre a vontade, ou seja, permitem uma escolha determinada: isso é limitado nos animais ao estreito círculo do rosto do que lhes está anteposto *pela percepção*; o ser humano, por sua vez, tem como espaço de jogo o largo raio do que lhe é *pensável*, seus conceitos, portanto.

Desse modo, caracteriza-se como arbitrários *os* movimentos, como os do corpo inorgânico, que não se seguem de *causas*, no sentido mais estrito da palavra, nem também de *meros estímulos*, como os das plantas, mas de *motivos*[27]. Estes, contudo, pressupõem *conhecimento*, na condição de *meio do motivo* pelo qual a causalidade se ativa aqui, sem que toda sua necessidade nos aspectos restantes seja prejudicada. A diferença entre estímulo e motivo pode ser descrita fisiologicamente desta maneira: o estímulo evoca a reação *imediatamente*, na medida em que esta surge na mesma parte na qual o estímulo agiu; o motivo, por sua vez, é um estímulo que deve fazer o desvio pelo cérebro, no qual, por sua própria influência, surge primeiro uma imagem e somente então esta evoca a reação subsequente, que, agora, é chamada de ato da vontade e de arbitrária. A diferença entre movimentos arbitrários e não arbitrários não diz respeito, desse modo, ao essencial e primário, que é a vontade em ambos, mas meramente ao secundário, à evocação da exterioridade da vontade; se, a saber, ela ocorre no fio condutor das autênticas causas, ou dos estímulos, ou dos motivos, ou seja, pelas causas que passam conhecimento. O arbítrio, no mais estrito sentido da palavra, aparece na consciência humana, diferente da dos animais na medida em que não contém somente representações perceptivas, mas também conceitos abstratos que agem ao mesmo tempo e próximos uns dos outros, independentes de diferença temporal, tornando possível, assim, a reflexão, ou seja, o conflito de motivos. Dei-lhe o nome de decisão eletiva

---

[27]. A diferença entre causa em seu sentido mais estrito, estímulo e motivo eu expus detalhadamente em *Os dois problemas fundamentais da ética*, p. 29 e subsequentes.

que consiste, contudo, apenas em que o motivo *mais poderoso* para o caráter individual dado se sobrepõe sobre os outros e determina a ação, tal como um golpe é vencido por um contragolpe mais forte; de modo que ocorre, portanto, com a mesma necessidade de uma pedra posta em movimento por um golpe. Sobre isso, todos os grandes pensadores de todos os tempos estão de acordo e decididos, com tanta certeza quanto a grande massa nunca a reconhecerá, nunca compreenderá a grande verdade de que a obra de nossa liberdade não deve ser procurada nas ações isoladas, mas em nossa própria existência e essência. Eu a expus da maneira mais clara possível em meu texto premiado *Sobre a liberdade da vontade*. É, portanto, completamente inadmissível o suposto *liberum arbitrium indifferentiae* [livre-arbítrio indiferenciado] na condição de característica distintiva dos movimentos oriundos da *vontade*: pois é uma afirmação da possibilidade de efeitos sem causas.

Assim que se se for capaz, portanto, de distinguir vontade de arbítrio, considerando este como uma categoria particular – ou modo de aparição – daquele, não haverá dificuldade de perceber a vontade também em processos desprovidos de conhecimento. Que todos os movimentos de nosso corpo, incluindo os meramente vegetativos e orgânicos, partem da *vontade*, não significa, portanto, de maneira alguma, que sejam arbitrários: pois isso significaria que seriam motivados: motivos, contudo, são representações e seu lugar é o cérebro: apenas as partes dele que contém nervos podem, a partir dele, ser movimentadas, portanto, por motivos: e somente esse movimento tem o nome de arbitrário. O da economia interna do organismo, ao contrário, é guiado por *estímulos*, como o das plantas; ocorre simplesmente que a maior complexidade do organismo animal tornou necessário, não só um órgão sensorial externo para a apreensão do mundo exterior para que a vontade reagisse a esse mundo, mas exigiu também um *cerebrum abdominale* [cérebro abdominal], o sistema nervoso simpático, a fim de dirigir, do mesmo modo, a reação da vontade aos estímulos internos. Aquele pode ser comparado ao ministério do exterior, este ao do interior: a vontade, contudo, permanece autárquica, onipresente.

Os progressos da fisiologia desde Haller puseram fora de dúvida que não apenas as ações exteriores acompanhadas pela consciência (*functiones animales*), mas também os processos de vida que acontecem de maneira completamente inconsciente (*functiones vitales et naturales*) ficam completamente sob a direção do *sistema nervoso*, repousando a diferença, em relação ao tornar-se consciente, meramente em que aquelas são guiadas por nervos que partem do cérebro, e estas, contudo, por nervos que não se comunicam diretamente com tal centro principal do sistema nervoso orientado principalmente para o exterior, mas, ao contrário, com centros subordinados, menores, os nódulos nervosos, gânglios e seus entrelaçamentos que, por assim dizer, dirigem como governadores as diferentes províncias do sistema nervoso, guiando os processos internos por estímulos internos, do mesmo modo como o cérebro as ações exteriores por motivos exteriores; esses gânglios recebem, portanto, impressões do interior e reagem a elas de maneira correspondente, como o cérebro recebe representações e conforme a elas toma suas decisões; sendo que as ações interiores estão circunscritas a um campo mais estreito. Nisso se baseia a *vita própria* de todo o sistema, a respeito do qual *Van Helmont* já dissera que todo órgão tem, por assim dizer, seu próprio eu. Disso se explica também a persistência da vida nas partes amputadas de insetos, répteis e outros animais inferiores, cujo cérebro não tem grande preponderância sobre os gânglios das partes singulares; do mesmo modo que muitos répteis vivem ainda semanas, às vezes até meses, depois que seu cérebro é retirado. Uma vez que sabemos, então, da mais segura experiência, que é a *vontade*, conhecida por nós na consciência imediata de uma maneira completamente diferente do que o mundo exterior, a autêntica agência nas ações acompanhadas pela consciência e controladas pelo principal centro do sistema nervoso; então não podemos evitar supor que as ações que partem desse sistema nervoso, mas que ficam sob a direção de seus centros subordinados, e conservam o processo de vida em curso contínuo, igualmente sejam manifestações da vontade; tanto mais que nos é completamente conhecida a causa por que elas não são dirigidas pela consciência como as outras: porque, a saber, a consciência tem sua sede no cérebro e, portanto, se restringe às partes cujos nervos levam ao cérebro, deixando de estar neles presente quando cortada: desse modo fica completamente esclarecida a diferença entre consciência e inconsciência e, com ela, a entre arbitrário e não arbitrário nos movimentos do corpo, não restando nenhum motivo para supor duas fontes originárias do movimento; tanto mais que *principia praeter necessitatem non sunt multiplicanda* [princípios não devem ser multiplicados sem necessidade][28]. Isso tudo é tão plausível que, numa consideração desimpedida a partir desse ponto de vista, mostra-se quase como absurdo querer fazer o corpo servo de dois senhores, na medida em que se deduz suas ações de duas fontes originárias fundamentalmente distintas e, então, atribuir à vontade o movimento de pernas e braços, dos olhos, dos lábios, da garganta, da língua, do pulmão, dos músculos do rosto e do abdômen; em contrapartida, o movimento do coração, das veias, o movimento peristáltico do intestino, a sucção da vilosidade do intestino e das glândulas, e todos os movimentos que servem às secreções fazer partirem de um princípio completamente distinto, que desconhecemos, eternamente secreto, e caracterizado por nomes como vitalidade, arqueus, *spiritus animales* [espírito animal], força

---

[28]. Referência à navalha de Ockham e seu princípio de economia [N.T.].

de vida ou impulso formador, qualquer um deles dizendo tanto quanto x[29].

É curioso e instrutivo ver como o exímio *Treviranus*, em seu livro *Die Erscheinungen und Gesetze des organischen Lebens* [As aparições e leis da vida orgânica] tomo 1, páginas 178 a 185, se esforça em lançar infusórios e zoófitos nos animais inferiores, cujos movimentos seriam arbitrários, e que seriam, como ele os chama, automáticos ou físicos, ou seja, meramente vitais; ao fazer isso, o que lhe fundamenta o pressuposto é ter que lidar com duas fontes originariamente distintas do movimento, enquanto, em verdade, tanto uma quanto a outra pressupõem a vontade, e toda a diferença consiste nisto, se são provocadas por estímulo ou por motivo, ou seja, se são mediadas por um cérebro, ou se não são; e o estímulo, por sua vez, pode ser, então, meramente interno ou externo. Em muitos animais, já mais elevados – crustáceos ou mesmo peixes – ele crê coincidirem completamente os movimentos arbitrários e os vitais, por exemplo, os da movimentação com os da respiração: uma prova clara da identidade de sua essência

---

29. Especialmente no caso das secreções, não se pode menosprezar certa amostra do que é apropriado para cada um, consequentemente, certo *arbítrio* dos órgãos que as executam, que deve até mesmo ser suportado por certa percepção sensível entorpecida e, em virtude da qual, cada órgão de secreção extrai do mesmo sangue apenas a secreção que lhe é adequada e nada mais, ou seja, o fígado extrai apenas a bílis do sangue que aflui nele, enviando o resto do sangue, assim como a glândula salivar e o pâncreas apenas a saliva, os rins apenas a urina, os testículos apenas o esperma etc. Pode-se comparar os órgãos de secreção, assim, com distintos animais que, pastando no mesmo prado, arrancam apenas a erva correspondente ao *seu* apetite (3. ed., acréscimo).

e origem. Ele diz: "na família dos Actiniaria, dos Asteroidea, dos Echinoidea e dos holotúrias (*Echinodermata pedata Cuv.*) é evidente como a movimentação dos fluídos depende da vontade deles mesmos e é um meio de movimentação espacial" (p. 188). Escreve (p. 288): "o esôfago dos mamíferos tem em sua terminação superior a faringe que se dilata e se contrai por músculos que coincidem com os arbitrários em sua formação, sem que, entretanto, fiquem sob o domínio da vontade". Vê-se aqui como se confundem os limites entre os movimentos originados na vontade e os que ele supõe estrangeiros. E: "assim ocorre no sistema digestório dos ruminantes movimentos que têm toda a aparência da arbitrariedade. Não estão, contudo, em constante vinculação somente nos ruminantes. Também o estômago mais simples dos humanos e de muitos animais dá passagem até sua abertura inferior apenas ao que é digerível, expelindo o que não é pelo vômito" (p. 293).

Também existem ainda comprovações particulares para o fato de que os movimentos, tanto por estímulos (os não arbitrários) quanto também os por motivos (os arbitrários), pressuporem a vontade: aqui pertencem os casos em que o mesmo movimento ocorre ora por estímulo, ora por motivo, como a contração da pupila, por exemplo: ela ocorre por estímulo, pelo aumento da luz, e por motivo, sempre que nos esforçamos a observar melhor um objeto muito próximo e pequeno, pois a contração da pupila faz com que se veja claramente em grande proximidade, podendo ser ainda maior a nitidez, se olharmos por um buraco de agulha em um papel, e, reversamente, dilatamos a pupila ao olharmos para longe. O mesmo movimento do mesmo órgão não se origina, de maneira alternada, de duas fontes fundamentalmente distintas – E. H. Weber, em seu programa, *Additamenta ad E. H. Weberi tractatum de motu iridis* [Adendos ao Tratado do movimento da íris" de E. H. Weber], Leipzig, 1823, relata que teria descoberto em si mesmo a capacidade de dilatar e contrair a pupila de um olho, enquanto o outro fica fechado, por mera arbitrariedade, dirigindo o olhar a um só objeto, de tal maneira que o objeto lhe aparece ora nítido, ora indiscernível. Joh. Müller, *Handb. D. Physiol* [Caderno de Fisiologia], p. 764, também procurou provar que a vontade age na pupila.

Além disso, a conclusão de que as funções vegetativas e vitais que se executam sem consciência têm a vontade como o mecanismo propulsor mais interior é confirmada também ainda pela observação de que mesmo o movimento reconhecidamente arbitrário de um membro é meramente o resultado último de uma miríade de modificações anteriores no interior desse membro que vêm à consciência ainda menos do que tais funções do órgão e, no entanto, evidentemente são aquilo que primariamente é ativado pela vontade e que tem como mera consequência o movimento do membro, mesmo que, contudo, seja algo tão estranho à nossa consciência, que os fisiologistas procurem encontrá-lo por hipóteses deste tipo, supondo que os tendões e as fibras musculares se contraiam por uma modificação no tecido celular do músculo que ocorreria por uma condensação do vapor de sangue que há nele em sangue aquoso, sendo que tal condensação, contudo, ocorreria pela ação dos nervos e esta última – pela vontade. Aqui também, a modificação que parte primariamente da vontade não entra, portanto, na consciência, mas meramente o seu resultado mais distante, e mesmo esse, na verdade, apenas pela intuição espacial do cérebro, na qual se apresenta conjuntamente com todo o corpo. Então que, contudo, aqui, nessa cadeia causal ascendente, o último membro seja a *vontade*, é algo que os fisiologistas jamais teriam alcançado no caminho de suas pesquisas e hipóteses experimentais, mas lhes é conhecido completamente de outra forma: a palavra-chave que soluciona o enigma lhes foi sussurrada desde fora da pesquisa pela feliz circunstância de que o pesquisador é, aqui, ao mesmo tempo, objeto ele mesmo a ser pesquisado e, com isso, experienciou dessa vez o segredo dos processos internos; sem isso, sua explicação, assim como a de qualquer outra aparição, teria que se deter diante de uma força inescrutável. E, reversamente, se tivéssemos a mesma relação interior com todos os fenômenos da natureza que temos com nosso próprio organismo, a explicação desses fenômenos da natureza, e de todas as propriedades do corpo, acabaria por remontar a uma vontade que se manifesta ali. Pois a diferença não está na coisa, mas apenas em nossa relação com a coisa. Sempre onde a explicação do físico caminhar até o fim, ela se depara em um metafísico, e sempre onde esse metafísico estiver aberto a um conhecimento imediato, como aqui, a vontade surgirá. – Que as partes do organismo não se movimentam nem desde o cérebro, por motivos, nem arbitrariamente, mas são animadas e governadas, mesmo assim, pela vontade, é atestado também por sua compaixão e participação em todos os movimentos extraordinariamente impetuosos da vontade, ou seja, afetos e paixões; a palpitação acelerada do coração na alegria ou no medo, o rubor na vergonha, a palidez no medo, também na ira oculta, o choro na tristeza[30], a respiração difícil e o funcionamento acelerado do intestino no medo extremo, a salivação na boca no apetite atiçado, o enjoo à vista de coisas repugnantes, a aceleração da circulação sanguínea e até a modificação da qualidade da bílis na ira e a salivação pela raiva impetuosa, esta em tal grau que em cão extremamente raivoso pode contagiar de hidrofobia com sua mordida, sem que ele mesmo esteja infectado com raiva canina ou venha a ficar, o que se afirma também sobre gatos e até mesmo sobre galos raivosos. Além disso, um pesar perene deteriora profundamente o organismo, e o susto, assim como a alegria repentina, podem ser fatais. Em contrapartida, todos os processos e modificações que meramente digam respeito ao conhecimento, deixando a vontade fora de jogo, ainda que sejam também maiores e importantes,

---
30. A ereção nas imaginações voluptuosas (3. ed., acréscimo).

permanecem sem influência sobre o funcionamento do organismo – até o ponto em que uma atividade excessivamente forçada ou prolongada do intelecto cansa o cérebro, paulatinamente o esgotando e, finalmente, deteriorando o organismo; o que novamente dá provas de que o conhecimento é de natureza secundária e meramente a função orgânica de uma parte, um produto da vida, não consistindo, contudo, do núcleo interior de nossa essência, não sendo a coisa em si, nem sendo metafísica, incorpórea, eterna, como a vontade: esta não se cansa, não envelhece, não aprende, não se aperfeiçoa com exercícios, é na criança o que é no ancião, sempre uma e a mesma, e seu caráter é inalterável em cada um. Outrossim é ela, na condição de essencial, também o constante e, assim, presente no animal como em nós: pois não depende, como o intelecto, de aperfeiçoamento da organização, mas é, segundo o essencial, a mesma em todos os animais e conhecida tão intimamente por nós. Portanto, o animal tem todos os afetos dos humanos: alegria, tristeza, temor, ira, amor, ódio, saudade, inveja etc.: a grande diferença entre humano e animal consiste somente no grau de aperfeiçoamento do intelecto. Mas isso nos leva longe: remeto, então, a *O mundo como vontade e representação*, segundo tomo, capítulo 19, 2.

Pelos esclarecedores motivos expostos para que o agente originário no funcionamento interior do organismo seja justamente a vontade que dirige as ações externas do corpo e, apenas porque ela aqui necessita da mediação do conhecimento orientado ao exterior, se dá a conhecer como vontade nessa passagem pela consciência, não nos espantará que, além de *Brandis*, alguns outros fisiologistas também conheceram essa verdade claramente, às vezes mais, às vezes menos, no caminho meramente empírico de suas pesquisas. *Meckel*, em seu *Archiv für die Physiologie* [Arquivo para a fisiologia] (tomo 5, páginas 195 a 198) chegou ao resultado, de maneira totalmente empírica e completamente desimpedida, de que a vida vegetativa, o surgimento do embrião, a assimilação do alimento, a vida das plantas, podem ser observadas como autênticas manifestações da vontade, e até que a atração do ímã dá tal aparência. A suposição", diz ele, "de uma certa vontade livre em todo movimento vital pode ser talvez justificada" – "A planta parece voluntariamente rumar em direção à luz" etc. – o tomo é de 1819, quando minha obra tinha acabado de sair, e é no mínimo incerto que tenha lhe influenciado ou que lhe fosse conhecida; por isso, conto também esses comentários entre as confirmações empíricas desimpedidas de minha doutrina. – *Burdach* também, em seu grande *Physiologie* [Fisiologia], tomo I, § 259, p. 388, chegou ao resultado, de modo totalmente empírico, de que "o amor-próprio seria uma força que compete a todas as coisas sem distinção": ele o demonstra primeiro nos animais, depois nas plantas e finalmente nos corpos inanimados. Em que, contudo, o amor-próprio é diferente da vontade de conservar sua existência, da vontade de viver? – Citarei no próximo capítulo, em "Anatomia comparada", outra passagem do mesmo livro, que confirma de modo ainda mais decisivo minha doutrina. – Que a doutrina da vontade como princípio da vida começa a se difundir também nos círculos da medicina, encontrando entrada em seus jovens representantes, é algo que vejo com especial satisfação, e observo isso pela tese defendida pelo Sr. Dr. V. *Sigriz* em seu doutoramento em Munique, em agosto de 1835 e que começa assim: "*1. Sanguis est determinans formam organismi se evolventis. – 2. Evolutio organica determinatur vitae internae actione et* voluntate" [1. O sangue determina a forma do organismo em desenvolvimento. – 2. A evolução orgânica é determinada pela atividade de vida interior e pela *vontade*].

Finalmente, é preciso mencionar ainda uma confirmação bastante curiosa e inesperada desta parte de minha doutrina que recentemente *Colebrooke* noticiou da antiga filosofia hindu. Na exposição das escolas filosóficas hindus, no primeiro tomo do *Transactions of the Asiatic Society of Great-Britain* [Transações da sociedade asiática da Grã-Bretanha] (p. 110), de 1824, ele indica o seguinte como sendo a doutrina da escola Niaia[31]: "vontade (*volition, yatna*), o esforço ou a manifestação da vontade, é uma autodeterminação à ação que concede satisfação. Desejo é sua ocasião e percepção, seu motivo. Diferencia-se dois tipos de

---

31. Sempre que menciono passagens de livros em línguas vivas, as traduzo, citando, contudo, do original, mas os adiciono apenas onde minha tradução poderia gerar alguma suspeita.

esforços perceptíveis da vontade: o que se origina no desejo, busca o agradável; e o que se origina da repulsa, foge do adverso. Uma outra categoria ainda, que não se deixa perceber e sentir, mas que se pode inferir pela analogia com os atos arbitrários, compreende as funções animais que têm como causa a força vital invisível" (*Another species, which escapes sensation or perception, but is inferred from analogy of spontaneous acts, comprises animal functions, having for a cause the vital unseen power*). Claramente as "funções animais" aqui não devem ser entendidas no sentido fisiológico da palavra, mas no popular: incontestavelmente, portanto, a vida orgânica é aqui deduzida da vontade. – Outro depoimento semelhante de *Colebrook* está em suas Crônicas sobre os Vedas (*Asiatic researches*, vol. 8, p. 426): "*Asu é querer inconsciente*, que provoca um ato necessário à conservação da vida, como a respiração etc." (Asu is unconscious volition, *which occasions an act necessary to the support of life, as breathing etc.*).

Minha redução da força de vida à vontade não se opõe, aliás, absolutamente à antiga divisão de suas funções em força reprodutiva, irritabilidade e sensibilidade. Tal divisão permanece sendo uma diferenciação profunda, dando ocasião a observações interessantes.

A *força reprodutora*, objetivada no tecido celular, é o caráter principal das plantas e o que há de vegetal no ser humano. Quando ela domina nele de maneira preponderante, suspeitamos de fleuma, lentidão, preguiça, apatia (beócio);

ainda que essa suspeita nem sempre possa ser completamente confirmada. – A *irritabilidade*, objetivada no tecido muscular, é o caráter principal do animal, e é o animalesco no ser humano. Quando domina nele de maneira preponderante, costuma-se encontrar destreza, força e coragem, ou seja, aptidão para esforços físicos e para a guerra (espartanos). Quase todos os animais de sangue quente e até mesmo insetos excedem em muito o ser humano em irritabilidade. É na irritabilidade que o animal torna-se consciente com mais vivacidade de sua existência; por isso se exalta em suas manifestações. Nos humanos, mostram-se resquícios dessa exaltação na dança. – A *sensibilidade*, objetivada nos nervos, é o caráter principal do ser humano, e é o autenticamente humano no ser humano. Nenhum animal pode se comparar nisso com ele, nem de longe. Se dominar de maneira predominante, dá no *gênio* (ateniense). Por isso, o humano de gênio é *humano* em grau superior. Assim se explica o fato de alguns gênios não terem querido reconhecer os outros humanos como humanos, com suas fisionomias monótonas, medianas, marcadas pelo cotidiano: pois não estão entre eles com seus iguais e caem no engano natural de que sua constituição própria seria o normal. É nesse sentido que Diógenes procurava os humanos com a lanterna. – O genial Eclesiastes disse: "encontrei *um* humano entre mil, mas nenhuma mulher entre eles". – E Gracian, em *El Criticón*, talvez a maior e mais bela alegoria jamais escrita, disse: "mas o mais estranho era que, em toda a terra, não encontravam *humano* algum, mesmo nas cidades mais populosas; tudo estava povoado de leões, tigres, leopardos, lobos, raposas, macacos, bois, asnos, porcos – em parte alguma um humano! Só mais tarde descobriram que os poucos humanos existentes, para se esconderem e não presenciarem o que se passava ali, se recolheram no deserto que, na verdade, deveria ser a morada dos animais selvagens" (retirado de *Crisi* 5 e 6 da primeira seção)[32]. Com efeito, baseia-se no mesmo motivo da tendência própria a todos os gênios de solidão, à qual são impulsionados tanto por sua diferença, quanto pela riqueza interior de que são dotados: pois dos humanos, como dos diamantes, só os excepcionalmente grandes servem solitários: os vulgares precisam estar reunidos e atuar em massa.

Também concordam com as três forças fisiológicas fundamentais as três *gunas* ou características fundamentais do hindu. *Tamas-Guna*, apatia, estupidez, corresponde à força reprodutiva. – *Rajas-Guna*,

---

32. Santiago Gonzáles Noriega, que assina as notas da versão espanhola deste texto de Schopenhauer traduzida por Miguel de Unamuno, com a qual esta tradução foi cotejada, oferece a passagem original de Gracián: "Fuelos guiando a la plaza mayor, donde hallaron paseándose gran multitud de fieras, y todas tan sueltas como libres, con tan notable peligro de los incautos: había leones, tigres, leopardos, lobos, opros, panteras, muchas vulpejas; ni faltaban sierpes, dragones y basiliscos. –¿Qué es esto?, dijo turbado Andrenio. ¿Dónde estamos? ¿Es esta población humana o selva ferina? – No tienes que temer, que cautelarte sí, dijo el Centauro. – Sin duda que los pocos hombres que habían quedado se han retirado a los montes, ponderó Critilo, por no ver lo que en el mundo pasa, y que las fieras se han venido a las ciudades y se han hecho cortesanas". El Criticón, primera parte, Crisi VI. SCHOPENHAUER, A. *Sobre la voluntad en la naturaleza*. 2. ed. Trad. M. de Unamuno; prólogo e notas S. González Noriega. Madri: Alianza editorial, 2006, p. 77 [N.T.].

passionalidade, à irritabilidade. – E *Sattwa-Guna*, sabedoria e virtude, à sensibilidade. Quando se acrescenta, contudo, que Tamas-Guna é o destino dos animais, Rajas-Guna dos humanos e Sattwa-Guna dos deuses, então se está falando de maneira mais mitológica do que fisiológica.

O objeto considerado nesse capítulo foi tratado também no capítulo 20 do segundo tomo de *Mundo como vontade e representação*, intitulado "Objetivação da vontade no organismo animal", que recomendo verificar como complemento ao aqui exposto. O §94 do segundo tomo de *Parerga* também.

Ainda é preciso notar aqui que as passagens das páginas 14 e 15 de meu texto sobre as cores se referem à sua primeira edição.

Anatomia comparada

Não deduzi, contudo, da minha proposição de que a "coisa em si" de Kant, ou o último substrato de toda aparição, é a vontade, então, apenas que a vontade é o agente também em todas as funções internas inconscientes do organismo; mas igualmente que esse próprio corpo orgânico não é outra coisa do que a vontade que surge na representação, a própria vontade intuída na forma espacial do conhecimento. Por isso disse que, tal como todo ato singular momentâneo da vontade até aqui se afigura de maneira imediata e inevitável na intuição exterior do corpo como uma ação desse mesmo corpo, também o querer completo de todo e cada animal, a soma de todas as suas aspirações, deve ter sua reprodução fiel em todo seu próprio corpo, na composição de seu organismo, e, entre os fins de sua vontade em geral e os meios de alcançá-los que sua organização o permite deve haver a mais precisa concordância. Ou, sendo sucinto: o carácter completo de seu querer deve estar em relação direta com a forma e a composição de seu corpo, tal como o ato singular da vontade com a ação singular do corpo que o realiza. Nos últimos tempos, isso também foi conhecido como fato da parte de fisiologistas e zootomistas pensantes de maneira independente à minha doutrina e, então, confirmado *a posteriori*: suas sentenças dão o testemunho da natureza aqui também para a verdade de minha doutrina.

Na primorosa obra com gravuras *Über die Skelette der Raubtiere* [Sobre os esqueletos dos carnívoros] (p. 7) de *Pander* e *D'Alton*, de 1822, lê-se o seguinte: "como o característico da formação óssea provêm do *caráter* do animal, então este se desenvolve, em contrapartida, de suas *inclinações e apetites* [...] Essas *inclinações e apetites* dos animais, *tão vivamente pronunciados* em toda organização e da qual a organização aparece apenas como a mediadora, não podem ser explicadas por forças fundamentais especiais, uma vez que o fundamento interior apenas pode ser derivado da vida em geral da natureza". Com essa última inflexão, o autor implica, na verdade, que, tal como todo e qualquer pesquisador da natureza, chegou aqui ao ponto em que ele deve permanecer parado, pois se deparou com o metafísico, que, todavia, nesse ponto o último conhecível, a partir do qual a natureza se furta à sua pesquisa, eram as *inclinações e os apetites*, ou seja, era a vontade. "O animal é *assim*, porque *assim* quer" seria a expressão sucinta para seu último resultado.

Não menos expressivo é o testemunho para a minha verdade prestado pelo erudito pensador *Burdach* em seu grande *Physiologie* [Fisiologia], tomo 2, §474, no qual trata do motivo último do surgimento do embrião. Infelizmente, não posso silenciar que esse homem, sempre tão exímio, justamente aqui, num momento de fraqueza, e sabe-se lá por que e induzido pelo que, traz algumas frases de alguma pseudofilosofia qualquer, inteiramente sem valor, perigosamente impertinente, sobre o "pensamento" ser o originário (é justamente o último e mais condicionado de todos), e não ser, todavia, "representação" (ou seja, um ferro de madeira[33], uma verdadeira contradição). Mas logo em seguida, novamente sob influência do melhor de si mesmo, profere a pura verdade: "o cérebro invagina e se torna retina, porque a central do embrião *quer* receber em si as impressões da atividade do mundo; a mucosa do canal intestinal se desenvolve em pulmão, porque o corpo orgânico *quer* ter relação com as matérias mundanas elementares; do sistema vascular germinam os órgãos reprodutores, porque o indivíduo vive apenas na espécie e a vida que se inicia nele *quer* se reproduzir" (p. 710). – Essa sentença de *Burdach*, tão de acordo com minha doutrina, me lembra de uma passagem do antigo Mahabharata, que dificilmente não se pode evitar tomar, desde esse ponto de vista, realmente por uma expressão mítica da mesma verdade. Ela está no terceiro canto do Episódio Sundas e Upasundas no *Ardschunas Reise zu Indras Himmel, nebst andern Episoden des Mahabarata* [A viagem de Arjuna ao paraíso Indra e outras histórias do Mahabharata], escrito por Bopp em 1824. Nela, Brahma cria

---

33. *"Hölzernes Eisen"*, ferro de madeira, é uma expressão retórica utilizada por Schopenhauer nesta e em outras obras, que deriva de um oxímoro proverbial alemão, para indicar uma inconsistência lógica [N.T.].

Tilottama, a mais bela de todas as mulheres, e a faz circular na reunião dos deuses: Shiva anela tanto vê-la, que, estando Tilottama sucessivamente a girar no círculo, lhe surgem quatro cabeças, segundo seu ponto de vista, ou seja, segundo as quatro regiões do mundo. Talvez remetam a essa cena as representações de Shiva com cinco cabeças, como a Panschmukhti Shiva. Surge, do mesmo modo, na mesma ocasião, inúmeros olhos em todo o corpo de Indra[34]. – Na verdade, cada órgão deve ser visto como a expressão de uma manifestação universal da vontade, isto é, feito de uma vez por todas, de um anseio fixo, de um ato de vontade, não do indivíduo, mas da espécie. Cada forma animal é um anseio, evocado pelas circunstâncias, da vontade de viver: por exemplo, a um é tomado o anseio de viver nas árvores, de se pendurar em seus ramos, de se alimentar de suas folhas, sem ter que lutar com outros animais e sem pisar jamais no solo; essa ânsia se afigura, desde o tempo infinito, na forma (a ideia platônica) do bicho-preguiça. Mal pode andar, pois foi calculado apenas para trepar em árvores: desajeitado no solo, nas árvores é ágil e, com seu aspecto de galho musgoso,

---

34. O Matsya Purana faz surgirem os quatro rostos de *Brahma* da mesma maneira, a saber, na medida em que ele, na *Satarupa*, se apaixonando por sua filha, a fitasse petrificado e ela, contudo, desviou-se desse olhar, dando um passo para o lado. Envergonhado, ele agora não queria seguir o movimento dela, pelo que, então, lhe crescesse, porém, um rosto para esse lado, mas ela, então, continuou se desviando e assim por diante, até que ele tivesse quatro rostos (*Asiatic Researches*, vol. 6, p. 473) (3. ed., acréscimo).

nenhum perseguidor o percebe. – Mas queremos observar a coisa agora de modo algo mais prosaico e metódico. A adequação que salta aos olhos de todo e cada animal, em seus mínimos detalhes, à sua forma de vida, aos meios exteriores de sua conservação, e a perfeição exuberante e artificiosa de sua organização formam o mais rico material de observações teleológicas que coube ao espírito humano fazer desde sempre, e que, em seguida, se estendendo também à natureza inanimada, se tornaram o argumento da prova físico-teológica. A conformidade a fins sem exceção, a intencionalidade evidente de todas as partes do organismo animal, anuncia tão claramente não a atuação de forças naturais aleatórias ou sem plano, mas a presença ativa de uma vontade, que isso jamais poderia ser seriamente ignorado ou confundido. Então não era possível, contudo, desde a perspectiva e o conhecimento empíricos, pensar de outro modo a efetivação de uma vontade que não fosse, pois, dirigida pelo conhecimento. Pois antes de mim se tinha, como já discutido no capítulo anterior, a vontade e o conhecimento por absolutamente inseparáveis, considerando mesmo a vontade como mera operação do conhecimento, essa pretensa base de tudo que é espiritual. Assim, se onde a vontade atuasse o conhecimento a deveria dirigir, aqui, por consequência, também. O meio do conhecimento, contudo, voltado, como tal, essencialmente para fora, implica que uma vontade ativa pelo mesmo meio apenas possa estar voltada para fora, ou seja, que ela possa atuar apenas de *um* ser em direção ao outro. Por isso se procurou a vontade, cujos vestígios inconfundíveis haviam sido encontrados, não ali onde o foram, mas a deslocaram para fora, fazendo do animal produto de uma vontade estranha a ele dirigida pelo conhecimento, que, a seguir, deveria ser um conceito de finalidade claro, proposital, anterior à existência do animal, e, junto com a vontade, cujo produto é o animal, localizado fora do animal. Segundo isso, o animal teria existido na representação antes de existir na realidade ou em si. Essa é a base da linha de pensamento da prova físico-teológica. Essa prova não é, contudo, mero sofisma escolástico, como a ontológica: não porta, também, um adversário natural, infatigável, em si mesmo, como o faz a prova cosmológica na própria lei da causalidade a que deve sua existência; mas é para o erudito efetivamente aquilo que a prova queraunológica[35] é para o povo[36] e tem uma aparência tão grande e tão poderosa que até mesmo as cabeças mais eminentes e, ao mesmo tempo, mais desimpedidas se enredaram profundamente nelas, como Voltaire, que, depois de duvidar de todo tipo de coisa, sempre

---

35. Sob essa denominação, eu gostaria, a saber, de adicionar, às três provas referidas por Kant, uma quarta, a *a terrore* caracterizada pela antiga expressão de Petrônio "*Primus in orbe deos fecit timor*" [o terror fez primeiro os deuses no mundo] e que deve ser considerada sua crítica a incomparável *Natural history of religion* [História natural da religião] de *Hume*. Entendida no mesmo sentido, a prova intentada por Schleiermacher, o teólogo, a partir do sentimento de dependência, pode ter sua verdade, mesmo que não exatamente a que seu expositor imaginara.

36. Sócrates já a expõe detalhadamente no *Xenofonte* (*Memorabilia* 1,4) (acréscimo à 3. ed.).

retorna a ela, não admitindo nenhuma possibilidade de ultrapassá-la, pondo mesmo sua evidência quase em igualdade com uma matemática. Até mesmo *Priestley* (*Disquis. On matter and spirit* [*Dissertação* sobre a matéria e o espírito], seção 16, p. 188) também a considera irrefutável. Só a prudência e perspicácia de *Hume* se mantiveram firmes aqui também: esse autêntico predecessor de Kant, em seus *Dialogues on natural religion* [Diálogos sobre a religião natural] (parte 7 e em outras passagens), que valem bastante a leitura, chama a atenção para como no fundo não há semelhança alguma entre as obras da natureza e as de uma operação intencional artificiosa. De modo tanto mais esplêndido resplandece aqui, então, o mérito de *Kant*, tanto na *Crítica da faculdade do juízo*, quanto na da *razão pura*, quanto por ser onde ele cortou o *nervus probandi* [motivo nevrálgico], assim como das outras duas, também dessa prova altamente capciosa. Um resumo bem curto dessa refutação kantiana da prova físico-teológica pode ser encontrado em minha principal obra (tomo 1, p. 597; 3. ed. p. 631). Kant obteve grande mérito por isso: pois nada contraria mais o acesso correto à natureza e à essência das coisas do que uma tal concepção delas como obras feitas por um cálculo inteligente. Se, então, um duque de Bridgewater ofereceu um prêmio de grande soma com a finalidade de consolidar e perpetuar tais equívocos fundamentais, trabalhemos nós, impávidos, sem qualquer outra recompensa do que a verdade, seguindo os passos de Hume e Kant, em sua destruição. Venerável é a verdade, não o que a ela se opõe. Kant, entretanto, aqui também se limitou à verdade negativa: esta, contudo, tem seu efeito completo somente se acrescida de uma positiva correta, por ser a única capaz de conceder satisfação integral e reprimir o erro por si própria, de acordo com o dito de Espionsa: *sicut lux se ipsa et tenebras manifestat, sic veritas norma sui et falsi est* [exatamente da mesma maneira que a luz revela a si própria e as trevas, assim também a verdade é norma de si própria e do falso]. Dizemos, antes de tudo, portanto: o mundo não é feito com ajuda do conhecimento e, consequentemente, tampouco a partir de fora, mas de dentro; e, então, passamos a nos empenhar na demonstração do *punctum saliens* [ponto saliente] do ovo do mundo. Mesmo que o pensamento físico-teológico de que deve haver um intelecto que molda e organiza a natureza facilmente convenha e agrade ao entendimento bruto, ele ainda assim é totalmente falso. Pois o intelecto nos é conhecido apenas a partir da natureza animal, na condição, por consequência, de um princípio completamente secundário e subordinado no mundo, de um produto da mais tardia origem: jamais pode ser, assim, a condição de sua existência[37]. Mas é aqui que surge a vontade como o originário, por satisfazer a tudo e se dar a conhecer imediatamente, e, assim, caracterizar tudo como sua aparição. É justamente por

---

37. Nem pode um *mundus intelligibilis* [mundo inteligível] anteceder o *mundus sensibilis* [mundo sensível], já que aquele recebe somente deste seu material. Não foi um intelecto que criou a natureza, mas a natureza o intelecto (acréscimo à 3. ed.).

isso que todos os fatos teleológicos podem ser explicados pela vontade do próprio ser em que foram encontrados.

Aliás, a prova físico-teológica pode ser invalidada já pela observação empírica de que as obras dos impulsos animais artificiosos, a rede da aranha, a colmeia das abelhas, o cupinzeiro etc., seriam criados inteiramente como se tivessem se originado como consequência de um conceito de finalidade, de larga providência e de consideração racional, enquanto evidentemente são obra de um impulso cego, ou seja, de uma vontade não dirigida pelo conhecimento: do que se segue ser incerta a conclusão de uma criação por tal modo de procedência, como toda conclusão de consequências a partir da causa. Uma minuciosa consideração dos impulsos artificiosos foi apresentada no capítulo 27 do segundo tomo de minha obra principal, que, junto com o capítulo anterior sobre a teleologia, deve ser usado como complemento a todas as considerações com que nos ocupamos no presente capítulo.

Ocupando-nos, então, um pouco mais detalhadamente com a conformidade já mencionada da organização de todo e cada animal ao seu modo de vida e aos meios de manutenção de sua existência, de partida surge a questão sobre se seria o modo de vida que teria se regulado pela organização ou esta por aquele. À primeira vista, a primeira hipótese parece mais correta, pois, do ponto de vista do tempo, a organização precede o modo de vida, o que nos faz acreditar que o animal teria adotado o modo de vida mais apropriado à sua constituição física, melhor utilizando seus órgãos preexistentes, de modo que o pássaro voaria por ter asas, e o touro chifra por ter chifres, e não o contrário. Essa é a opinião de Lucrécio também (o que sempre é um sinal duvidoso para uma opinião):

Nil ideo quoniam natum est in corpore, ut uti
Possemus; sed, quod natum est, id procreat usum.

[Pois nada surge no corpo para que o
utilizemos; mas ter surgido
é a causa de utilizarmos.

DE RERUM NATURA: DA NATUREZA DAS COISAS, LIVRO 4, 834-835]

O que ele desenvolve no livro IV, 825-843. Apenas fica inexplicado, sob essa suposição, como que as diferentes partes do organismo de um animal correspondem, em seu conjunto, exatamente à sua forma de vida, sem que um órgão atrapalhe o outro, ao contrário, cada um auxilia o outro, sem que um órgão permaneça inutilizado, e sem também que um subordinado servisse melhor a um outro modo de vida, enquanto somente os órgãos principais teriam determinado o modo de vida que o animal realmente leva; ao contrário, cada parte do animal corresponde exatamente, nos menores detalhes, tanto a todas as outras, quanto à sua forma de vida, como as garras são sempre capazes de agarrar a presa, os dentes prestam para dilacerá-la e despedaçá-la, o trato intestinal permite a digestão, e os membros de movimentação são capazes de levar onde a presa está, não ficando jamais nenhum órgão inutilizado. Assim o tamanduá, por exemplo, não apenas tem largas garras nas patas dianteiras para rasgar o cupinzeiro, como também, para penetrar neles, um focinho longo e cilíndrico, com uma pequena boca e uma língua longa, filiforme e viscosa que ele insere fundo no ninho dos cupins e retira em seguida, coberta de insetos; em contrapartida, dentes não tem nenhum, pois lhe são desnecessários. Quem não vê que a figura do tamanduá está para os cupins, assim como um ato de vontade para seu motivo? Nisso há uma contradição tão incomparável entre os pujantes braços do tamanduá, com suas garras fortes, largas, curvas, e a completa falta de dentição que, se a Terra passasse por mais uma transformação, o tamanduá fossilizado seria, então, um mistério insolúvel para a espécie de seres racionais que surgiria, se os cupins lhe fossem desconhecidos. – O pescoço das aves, assim como dos quadrúpedes, em geral é tão longo quanto suas pernas, para que possam alcançar seu alimento no solo; mas, em geral, são bem mais longas nas aves aquáticas, pois, nadando, tiram sua alimentação sob a superfície aquática[38]. As aves limícolas têm pernas desmesuradamente longas para poderem caminhar pelas

---

38. Vi um *colibri* (*Zooplast. Kab.*, 1860) com um bico longo como de uma ave inteira, inclusive cabeça e cauda. Muito seguramente esse colibri devia tirar seu alimento de alguma profundeza, nem que fosse o cálice fundo de uma flor (Cuvier, *Anat. Comp.*, Vol. IV, p.374): pois sem necessidade ele não teria se feito o luxo de um bico desses, assumindo seus agravos (acréscimo à 3. ed.).

águas, sem se afogarem ou se molharem, e, em conformidade, pescoço e bico bastante compridos, e este forte ou fraco, cada um relativo aos répteis, peixes ou vermes que tenham que triturar, e a eles correspondem também sempre as entranhas: em contrapartida, as aves limícolas não têm garras, como as aves de rapina, nem nadadeiras, como os patos: pois a *lex parsimoniae naturae* [lei de parcimônia natural] não admite órgão supérfluo. Justamente essa lei, somada à de que, por sua vez, a nenhum animal jamais falta um órgão requerido por seu modo de vida, mas que todos, mesmo os mais diversiformes, concordam e como que estão computados a todo um modo de vida especialmente determinado, ao elemento no qual fica sua presa, a persegui-las, a capturá-las, a triturá-las e digeri-las, comprova que foi o modo de vida que o animal quer levar para encontrar sua subsistência que determinou sua constituição física – mas não o contrário; e comprova que a coisa resultou justamente de tal modo, como se um conhecimento do modo de vida e de suas condições exteriores tivesse antecedido a constituição física e cada animal tivesse escolhido seu equipamento em conformidade, antes de tê-los incorporado; não é diferente do caçador que, antes de sair, escolhe todo seu equipamento, pederneira, calibre, pólvora, bolsa de caça, adaga de caça e roupa, em conformidade com o animal selvagem que quer abater: ele não atira no javali por portar uma espingarda; mas ele pega a espingarda e não a escopeta para pássaros, por estar a caça de javalis: e o touro não chifra por ter chifres; mas é porque quer chifrar que tem chifres. Mas se acrescenta ainda, então, para completar a prova, que em muitos animais, enquanto ainda estão na fase de crescimento, a aspiração de vontade que deverá servir a um membro se manifesta antes ainda da existência do próprio membro e seu uso precede, portanto, sua existência. É assim que jovens cordeiros, carneiros e bezerros chifram com a cabeça nua, antes ainda de terem chifres: o jovem javali desfere golpes para todos os lados, enquanto lhe faltam ainda as presas que corresponderiam à intenção da operação: em contrapartida, não necessita dos pequenos dentes que já tem em sua mandíbula e com os quais poderia realmente morder. Assim, a maneira como se defende não se orienta segundo a arma disponível, mas o contrário. Galeno já tinha percebido isso (*De usu partium anim.* [Do uso das partes animais] I, I) e, antes dele, Lucrécio ([*De rerum natura*], 5, 1032-39). Obtemos, desse modo, a certeza de que não é que a vontade, como algo suplementar, derivada do conhecimento, utiliza as ferramentas que vai encontrando, nem as partes do corpo, por justamente existirem essas e não outras; mas que o primeiro e originário é a ânsia de viver de determinado modo ou de lutar dessa determinada maneira; essa ânsia não se afigura apenas no uso, mas já na existência da arma, e tanto que aquele com frequência precede esta e indica, com isso, que é porque a ânsia existe que a arma se instala, não o contrário: e assim é com todas as partes do corpo em geral.

Aristóteles já articulava isso ao falar sobre os insetos armados com um ferrão: δια το θυμον εχειν όπλον εχει (*quia iram habent, arma habent*) [por serem agressivos, têm armas] (*Das partes dos animais* 4, 6) – e, adiante (cap. 12), de maneira geral: Τα δ' οργανα προς το εργον ή φυσις ποιει, αλλ' ου το εργον προς τα οργανα (natura enim instrumenta ad officium, non officium ad instrumenta accommodat) [pois a natureza adapta os órgãos à atividade, e não a atividade aos órgãos]. O resultado é este: é pela vontade de cada animal que se orientou sua constituição física.

Essa verdade impõe-se ao zoólogo e ao zootomista pensantes com tal evidência que, caso seu espírito não seja simultaneamente depurado por uma filosofia profunda, pode levar a insólitos enganos. Isso se sucedeu realmente, pois, com um zoólogo de primeira linha, *Lamarck*, o inesquecível, a ele que, pela descoberta da divisão tão profunda entre animais vertebrados e invertebrados, adquiriu mérito imortal. Ele o afirma com todas as letras e com toda seriedade em seu *Philosophie zoologique* [Filosofia zoológica], vol. 1, cap. 7 e em seu *Hist. Nat. Des animaux sans vertebres* [História natural dos animais invertebrados], vol. 1, introd., p. 180 a 212, esforçando-se em demonstrar de maneira detalhada que as figuras, as armas próprias e todo tipo de órgãos exteriores de toda e qualquer espécie animal não estavam já disponíveis de forma alguma em sua origem, mas só *teriam surgido* gradativamente no *decorrer do tempo* e ao longo das gerações em consequência das aspirações de vontade do animal suscitadas pelas propriedades de sua localidade e imediações, por seus próprios empenhos repetidos e dos hábitos que daí surgiram. É assim, diz ele, que as aves e os mamíferos aquáticos só obtiveram gradativamente membranas natatórias ao espicharem os dedos ao nadar; aves limícolas obtiveram suas longas pernas e pescoços em suas andanças pelas águas; os bovídeos conseguiram seus chifres só gradativamente, pois sem uma embocadura apropriada, só podiam lutar com as cabeças e esse desejo de lutar produziu gradativamente chifres ou galhos; o caracol inicialmente, como outros moluscos, estava sem antenas, mas, pela necessidade de tatear os objetos à sua volta, gradativamente surgiram; todas as espécies felinas obtiveram garras apenas com o tempo, pela necessidade de dilacerar a presa, e a bainha das garras e sua mobilidade da necessidade de protegê-las ao caminhar e igualmente de que elas não o impedissem de se movimentar; a girafa, na África seca e escalvada, dependente das folhagens de árvores altas, espichou as pernas dianteiras e o pescoço tanto que obteve sua curiosa figura de 20 pés de altura. E assim continua ele por uma série de tipos de animais, fazendo com que se constituam pelo mesmo princípio, sem atentar à objeção evidente de que a espécie animal que tivesse, com tais esforços, gerado órgãos necessários para sua subsistência apenas de modo gradativo, no decorrer de incontáveis gerações, deveria, neste ínterim, ter perecido e se extinguido por carecerem desse mesmo órgão. Essa é a cegueira de uma hipótese preconcebida. Essa aqui, todavia, surgiu por uma concepção bastante exata e profunda da natureza, e é um engano genial que ainda homenageia seu autor, apesar de toda absurdidade que reside nela. O verdadeiro nela lhe pertence na condição de pesquisador da natureza: ele viu de maneira correta que a vontade do animal é o originário e que ela determinou sua organização. O falso, em contrapartida, vai na conta do estado atrasado da metafísica na França, onde, na verdade, ainda reinam *Locke* e *Condillac*, seu fraco sucessor, e, por isso, os corpos são coisas em si, o tempo e o espaço qualidades das coisas em si, onde ainda não penetrou a grande doutrina sumamente consequente da idealidade do espaço e do tempo e, com ela, tudo o que se afigura nela. Por isso, *Lamarck* não pôde pensar sua construção dos seres de outra maneira que não no tempo, pela sucessão. A profunda influência de Kant baniu para sempre da Alemanha enganos desse tipo, assim como a crassa e absurda atomística dos franceses e as edificantes considerações físico-teológicas dos ingleses. É assim benéfico e duradouro o efeito de um grande espírito, mesmo em uma nação que pôde abandoná-lo para seguir cabeças de vento e charlatões. *Lamarck*, contudo, nunca teria sido capaz de pensar que a vontade do animal, como coisa em si, esteja fora do tempo e, nesse sentido, deva ser originária ao próprio animal. Põe, assim, primeiro o animal, sem órgão definitórios, mas também sem aspirações definitórias, equipado apenas com a percepção: com ela, toma conhecimento das circunstâncias sob as quais deve viver e, desse conhecimento surgem suas aspirações, ou seja, sua vontade e, dela, finalmente, seus órgãos, ou determinada configuração corporal, e isso com auxílio de gerações e, portanto, de tempo incomensurável. Tivesse tido coragem de levar à cabo isto, teria tido que supor um animal originário que não possuísse, consequentemente, nenhuma forma ou órgãos, e, então, tivesse se transformado, pelas circunstâncias climáticas e locais e tomando conhecimento delas, em uma miríade de formas animais de toda sorte, do mosquito ao elefante. – Na verdade, porém, esse animal originário é a *vontade de viver*: no entanto, enquanto tal, é algo metafísico, não físico. Entretanto, cada espécie animal determinou sua forma e organização por sua própria vontade e segundo a medida das circunstâncias sob as quais quis viver; no entanto, não como algo físico no tempo, mas como algo metafísico fora do tempo. A vontade não deriva do conhecimento, nem este já existia junto com o animal antes que surgisse a vontade como um mero acidente, algo secundário, até terciário; mas a vontade é o primeiro, a essência em si: sua aparição (mera representação no intelecto cognoscente e em suas formas espaço e tempo) é o animal equipado com todos os órgãos que constituem a vontade de viver sob tais circunstâncias particulares. O intelecto, o próprio conhecimento, pertence também a esses órgãos, adequando-se, como os demais, precisamente ao modo de vida de cada animal; enquanto *Lamarck* faz com que a vontade surja dele.

Observem-se as inúmeras formas dos animais. Como, sem exceção, cada uma é apenas a efígie de sua vontade, a expressão visível das aspirações volitivas que formaram seu caráter. A variedade de formas é mera imagem da de caráteres. Os animais carnívoros, orientados à luta e ao roubo, ficam com mandíbulas e garras terríveis e músculos fortes: sua visão penetra na distância, a ponto de, como a águia e o condor, avistarem sua presa de altura vertiginosa. Os amedrontados, que têm vontade de encontrar sua salvação não na luta, mas na fuga, surgiram dotados não com todo tipo de armas, mas com pernas leves e rápidas e audição aguda; o que exigiu para o mais amedrontado dentre eles, a lebre, até mesmo o marcante alongamento de seu ouvido exterior. Ao exterior corresponde o interior: os carnívoros têm intestino curto, os herbívoros, longo, para um processo mais longo de assimilação; à grande força muscular e à irritabilidade se juntam, como condições necessárias, respiração forte e circulação sanguínea acelerada, representadas por órgãos apropriados; e em parte alguma é possível uma contradição. Cada ânsia particular da vontade constitui uma modificação particular da forma. Por isso, *o local de habitação da presa determina a forma do predador*: se aquela, então, tiver se retirado para elementos de difícil acesso, em esconderijos distantes, na noite e na escuridão, o predador assume a forma adequada, e nisso não há nenhuma tão grotesca que a vontade de viver, para atingir seu fim, não faça surgir. O cruza-bico (*Loxia curvirostra*) vem com essa forma abnorme de seu instrumento de alimentação para extrair a semente das escamas das pinhas. As aves limícolas vêm com pernas, pescoços e bicos supercompridos, nas formas mais estranhas, para procurar os répteis em seus pântanos. O tamanduá de quatro pés de largura vem com pernas curtas, garras fortes e um focinho longo, estreito e desdentado, mas munido de uma língua filiforme e grudenta para desenterrar os cupins. O pelicano vai pescar com uma bolsa monstruosa sob o bico, guardando ali, de fato, muitos peixes. Assaltando à noite os que dormem, as corujas voam com suas pupilas tremendamente grandes, para ver no escuro, e com plumagem bastante macia, para que seu voo seja silencioso e não acorde os adormecidos. *Silurus*, *Gymnotus* e *Torpedo* trazem consigo até mesmo um aparato elétrico completo, para atordoar a presa, antes ainda de as alcançarem, assim como para se defender de *seus* predadores. Pois onde algo vivo respirar, logo outro surgirá para devorá-lo[39], e cada um, sem exceção, é como que computado e previsto para a aniquilação do outro, até mesmo nos mínimos detalhes. Por exemplo, dentre os insetos, os *Ichneumonidae*, para a alimentação futura de sua cria, botam seus ovos no corpo de

---

39. Tendo pressentimento dessa verdade, R. Owen conclui corretamente, já em 1842, ao examinar os muitos fósseis e em parte enormes, semelhantes em grandeza ao do rinoceronte, de marsupiais australianos, que deveria ter existido também um predador igualmente grande: o que foi mais tarde confirmado, ao encontrar, em 1846, uma parte do crânio fossilizado de um predador da grandeza do leão, que chamou de *Thylacoleo*, ou seja, leão com bolsa, já que também é um marsupial (*S. Owen's lecture at the Government school of mines* [Aula de S. Owen na escola governamental de mineração] no artigo "*Palaeontology*" [Palentologia] do *Times* de 19 de maio de 1860) (3. ed., acréscimo).

certas lagartas e larvas semelhantes, as perfurando com um ferrão. Então, os que dependem de larvas que rastejam livremente têm ferrões muito curtos, algo como 1/8 polegada: contudo, a *Pimpla manifestator*, que depende da *Chelostoma maxillosa* cujas larvas se ocultam na profundidade de madeiras velhas, onde aquele não as pode alcançar, tem um ferrão de 2 polegadas; e quase do mesmo tamanho o tem o *Ichneumon strobillae*, que põe seus ovos em larvas que vivem em pinhas: com isso, a atravessa até a larva, picando-a e colocando um ovo na ferida, cujo produto depois se alimentará da larva (Kirby e Spence, *Introduction to Entomology*, Vol. I, p. 355). A vontade de escapar do predador se mostra com igual clareza na armadura defensiva dos animais perseguidos. Ouriços e porcos-espinhos hasteiam uma floresta de lanças. Armados da cabeça aos pés, impenetráveis por dentes, por bicos e por garras, surgem os tatus, os pangolins e as tartarugas e, nos animais menores, toda a classe dos crustáceos. Outros buscaram sua proteção não na resistência física, mas em ludibriar seu predador: assim, a sépia se muniu com o material para produzir uma nuvem soturna que propala à sua volta no momento de perigo; a preguiça ludibria ao se assemelhar com o galho musgoso, a rã arborícola, com a folha, e do mesmo modo inúmeros insetos o fazem com o local em que permanecem; o piolho dos negros, é preto[40]:

---

40. Blumenbach: *De humani generis varietati nativa* [Das variações naturais do gênero humano], p. 50. – Sömmering: Vom Neger [Do negro], p. 8.

embora nossa pulga também o seja, ela confiou em seus saltos largos e incomparáveis, ao ter se dado o luxo de um aparato tão incomparavelmente poderoso. – Podemos fazer a antecipação, contudo, que tem lugar em todos esses arranjamentos, mais facilmente naquele que se mostra no impulso artificial. A aranha jovem e a formiga-leão ainda não conhecem a presa para a qual erguem uma armadilha pela primeira vez. E o mesmo em relação aos defensivos: o inseto *Bombyx* mata, segundo *Latreille*, com seu ferrão, a panorpa, embora não se alimente dela, nem seja por ela atacado, mas porque esta irá botar seus ovos em seu ninho, impedindo, desse modo, o desenvolvimento de seus próprios ovos, o que, contudo, ele não sabe. Em tais antecipações se confirma novamente a idealidade do tempo, que, em geral, sempre aparece tão logo a vontade vem à linguagem na condição de coisa em si. No caso aqui aludido, assim como em muitos outros, servem de explicação mútua os impulsos artificiais dos animais e suas funções fisiológicas: pois está em atividade em ambos a vontade sem conhecimento.

Tal como com todo e qualquer órgão e com toda e qualquer arma, seja ofensiva ou defensiva, a vontade também se equipou, em toda e qualquer forma animal, com um *intelecto*, na condição de um meio para a manutenção do indivíduo e da espécie: por isso que os antigos chamaram o intelecto de ἡγεμονικον, ou seja, o guia e líder. Consequentemente, o intelecto se destina apenas ao serviço da vontade e, onde quer que seja, a ela se adequa de modo preciso. Os predadores, evidentemente, precisam e têm muito mais dele do que os herbívoros. O elefante e, de certa maneira, o cavalo, constituem uma exceção: mas o admirável entendimento dos elefantes era necessário, pois, em uma vida de duzentos anos de duração com proliferação bastante baixa, o entendimento teria que zelar para uma manutenção mais longa e segura do indivíduo, e isso em terras pululando dos predadores mais vorazes, fortes e ágeis. O cavalo também tem vida prolongada e procriação mais econômica do que os ruminantes: além disso, não estando dotado de chifres, presas ou tromba, sem nenhuma arma além de seus cascos, precisava de mais inteligência e grande rapidez para escapar do predador. O entendimento extraordinário dos macacos era necessário; em parte porque, em uma duração de vida que mesmo nos de tamanho mediano prolonga-se até os cinquenta anos, eles têm uma proliferação escassa, parindo apenas um filhote por vez; sobretudo, contudo, por terem *mãos*, para o manejo das quais se necessita de um entendimento que as utilizasse apropriadamente e em cujo uso estejam confiantes, seja em sua defesa, mediante armas exteriores, como paus e pedras, seja também em sua alimentação, que demanda variados meios artificiais e faz necessário sobretudo um sistema social e artificial de predação, com entrega, de mão em mão, de frutas roubadas, a colocação de sentinelas etc. A isso se soma ainda que esse entendimento lhe é próprio sobretudo em idade tenra, na qual a força muscular ainda não foi desenvolvida: por exemplo, o jovem pongo, ou orangotango, tem um cérebro relativamente predominante e uma inteligência bem maior do que na idade madura, quando a força muscular atingiu grande desenvolvimento e substitui o intelecto, que, por consequência, decresce fortemente. A mesma coisa vale para todos os macacos: o intelecto surge aqui, portanto, como um vicário provisório da força muscular futura. Encontra-se debatido minuciosamente esse decurso no *Résumé des observations de Frédéric Cuvier sur l'instinct et l'intelligence des animaux* [Resumo das observações de Frédéric Cuvier sobre o instinto e a inteligência dos animais], de Flourens, 1841, que eu já tinha me referido, em todas as passagens aqui correspondentes, no segundo tomo de minha principal obra, ao final do 31º capítulo, e só por este motivo que não reproduzo aqui. – Em geral, a inteligência se eleva entre os mamíferos de maneira gradual, dos roedores[41] aos ruminantes, então aos paquidermes, deles até aos carnívoros e finalmente nos

---

41. A propósito, a atribuição da posição mais inferior de todas aos roedores parece provir mais de considerações *a priori* do que ser dada *a posteriori*; pois possuem, a saber, pequenos sulcos cerebrais, ou extremamente fracos: e se deu importância demais a tais sulcos. Ovelhas e bezerros os têm profundos e numerosos; mas o que é o seu entendimento? O castor, em contrapartida, apoia muito de seu impulso artificioso com inteligência: mesmo coelhos demonstram inteligência significativa; pode-se encontrar mais detalhes sobre isso no belo livro de Leroy: Lettres philos. Sur l'intelligence des animaux [Cartas filosóficas sobre a inteligência dos animais], carta 3, p. 49. Até mesmo, contudo, os ratos dão provas de uma inteligência bastante extraordinária: exemplos dignos de nota disso se encontram reunidos no Quarterly review, número 201, janeiro-março 1857, em um artigo particular, intitulado Rats (3. ed., acréscimo).

quadrúmanos: e correspondendo a esse resultado da observação externa, a anatomia demonstra o desenvolvimento gradual do cérebro segundo a mesma ordenação (de acordo com Flouren e Frédéric Cuvier)[42]. – Entre os répteis, as mais astutas são as cobras, que podem até ser adestradas; porque são carnívoras, e principalmente as venenosas, se reproduzem de maneira mais lenta do que as demais. – Do mesmo modo como em relação às armas físicas, em toda parte, encontramos aqui também, então, a vontade como o *prius* e seu equipamento, o intelecto, como o *posterius*. Carnívoros não vão à caça, nem as raposas saem para furtar, por terem mais entendimento; mas porque quiseram viver da caça e do roubo que elas têm, assim como mandíbula e garras mais fortes, também mais entendimento. A raposa até mesmo substituiu o que lhe falta em força muscular e pujança da mordida por um refinamento preponderante do entendimento. – O caso do pássaro Dodô (*Didus ineptus*) das Ilhas Maurício oferece uma elucidação particular de nossa tese: a espécie foi, como se sabe, extinta e, como seu nome em latim aponta, era sobremodo estúpido, pelo que se explica sua extinção; parece, por isso, que a natureza foi aqui longe demais no cumprimento de sua *lex parsimoniae* e, com isso, de certo modo, como ocorre com frequência no nível individual, fez surgir, aqui no nível da espécie, uma

---

[42]. Entre as aves, as predadoras são também as mais inteligentes; por isso, muitas, especialmente os falcões, podem ser bastante adestrados (3. ed., acréscimo).

aberração que, então, não era capaz de subsistir enquanto tal. – Se, nesse ensejo, alguém levantasse a questão de se a natureza não deveria ter atribuído aos insetos ao menos o tanto de entendimento que fosse necessário para não se lançarem na chama da luz, a resposta seria: evidentemente que sim, apenas não lhe era conhecido que os humanos iriam acender e atear luzes, e *natura nihil agit frustra* [a natureza nada faz em vão]. Ou seja, apenas para um ambiente não natural é que o entendimento dos insetos é insuficiente[43].

Entretanto, a inteligência depende primariamente do sistema cerebral, e este está em relação necessária com o resto do organismo, pelo que os animais de sangue frio serem, nesse aspecto, largamente inferiores aos outros de sangue quente, e os invertebrados aos vertebrados. Mas o organismo é justamente apenas a vontade tornada visível, à qual, na condição de primeiro absoluto, tudo sempre remete: suas necessidades e finalidades, em toda aparição, dão a medida para os meios, e ambos precisam concordar mutuamente. A planta não tem apercepção, uma vez que não se locomove; pois, para que a utilizaria, se não para lhe permitir, em consequência dela, buscar o vantajoso e fugir do danoso? E, ao contrário, também não poderia utilizar-se da locomotividade por não ter apercepção para dirigi-la. Por isso,

---

43. Que tenham sido os negros principalmente e em grande parte os escravizados é evidentemente uma consequência de ficarem para trás, perante as outras raças humanas, quanto à inteligência – o que, no entanto, não dá nenhuma legitimidade à coisa (3. ed., acréscimo).

não ocorre ainda na planta a díada inseparável da sensibilidade e irritabilidade, mas ficam latentes em seu fundamento, a força reprodutiva, na qual aqui somente a vontade se objetiva. O girassol, e toda e qualquer planta, quer a luz: mas seu movimento em sua direção ainda não está separado da sua percepção dessa luz, e ambos coincidem com seu crescimento. – O entendimento nos humanos, tão superior ao dos demais, apoiado pela razão que se junta a ele (a faculdade de representações não intuitivas, ou seja, de conceitos: reflexão, faculdade de pensamento), justamente está apenas em relação em parte com suas necessidades, que superam largamente as dos animais e se multiplicam ao infinito, e, em parte com sua completa ausência de armas e camuflagens naturais, com sua força muscular proporcionalmente mais fraca, largamente inferior em relação à dos macacos de seu mesmo tamanho[44], e, finalmente, também com sua reprodução lenta, longa infância e larga longevidade, que exigem uma manutenção segura do indivíduo. Todas essas grandes exigências deveriam ser satisfeitas pelas forças intelectuais: por isso, as serem aqui tão predominantes. Em toda parte, contudo, encontramos o intelecto como algo secundário, subordinado, destinado meramente a servir aos fins da vontade. Fiel à tal destinação, permanece, na regra, sempre na serventia da vontade. Como, apesar disso, em casos singulares, se liberta dessa servidão por uma

---

44. do mesmo modo sua incapacidade para a fuga, já que é superado por todos os mamíferos quadrúpedes na corrida (3. ed., acréscimo).

abnorme preponderância da vida cerebral, fazendo com que surja o conhecimento puramente objetivo que se eleva até o gênio, o demonstrei detalhadamente no terceiro livro de minha obra principal, em sua parte estética elucidando depois nos *Parergis*, tomo 2, §§ 50-57, e no § 206 (2. ed.: §§ 51-58, e §210).

Se, então, após todas essas considerações sobre a concordância exata entre a vontade e a organização de cada animal inspecionarmos, desde tal ponto de vista, um gabinete osteológico bem ordenado, nos parecerá, então, como se realmente estivéssemos observando um e o mesmo ente (aquele animal originário de Lamarck, ou, de modo mais correto, a vontade de viver) modificar sua forma segundo as medidas das circunstâncias e realizar essa variedade de formas de quantidade e ordenação iguais de seus ossos pelo seu prolongamento ou encurtamento, pelo seu fortalecimento ou enfraquecimento. Tal quantidade e ordenação dos ossos, que Geoffroy Saint-Hillaire (*Principes de philosophie zoologique*, 1830) chamou de *elemento anatômico*, permanecem inalterados, segundo sua essência, em toda a ordem dos vertebrados, como ele atestou pormenorizadamente, sendo uma grandeza constante, algo totalmente dado de saída, estabelecido irrevogavelmente por uma necessidade inescrutável – e eu gostaria de comparar essa constância com a insistência da matéria em todas as outras alterações físicas e químicas: logo retornarei a isso. Associa-se a isso, contudo, a enorme variabilidade, maleabilidade e flexibilidade desses mesmos ossos, quanto à dimensão, forma e finalidade de aplicação: e esta vemos ser determinada com força e liberdade originárias pela *vontade*, de acordo com a medida de seus fins, prescritos pelas condições exteriores: ela faz deles o que sua perpétua necessidade exige. Se ela quiser trepar nas árvores como macacos, logo agarra com quatro mãos os ramos, espichando desmesuradamente, com isso, a ulna e o rádio: ao mesmo tempo, alonga o *os coccygis* até formar uma cauda interminável, para se pendurar com ele nos ramos e balançar de galho em galho. Em contrapartida, os mesmos ossos do braço são encurtados até se tornarem irreconhecíveis ao querer rastejar na lama como crocodilo, ou nadar como foca, ou cavar como toupeira, aumentando, no último caso, o metacarpo e as falanges até formar suas patas desproporcionalmente grandes que cavam, ao custo de todos os demais ossos. Mas se ela quiser cruzar os ares como morcego, então não apenas os *os humeri*, *radius* e *ulna* são alongados de modo inaudito, mas também se estendem os outros *os*, em geral pequenos e subordinados, carpo, metacarpo e falange digital, como na visão de Santo Antônio, até formar uma dimensão descomunal, maior do que a do próprio corpo do animal, para distender seus patágios. Se, para poder petiscar a copa das altas árvores da África, ela, como girafa, se pôs de pernas dianteiras incomparavelmente altas, então as vértebras cervicais – sempre constantemente sete, segundo o número –, reduzidas na toupeira até se tornarem irreconhecíveis, agora são alongadas em tal medida que aqui, como em toda parte, o comprimento do pescoço iguala-se ao das pernas dianteiras, para que também possa inclinar a cabeça para beber água. Assim, se, contudo, pode ser impossível para um pescoço longo carregar o peso da cabeça enorme, massiva, ainda mais pesada com dentes do tamanho de um braço, quando a vontade surge como elefante, então esse pescoço permanece excepcionalmente curto, e, como auxílio emergencial, descende à terra uma tromba que pega água e alimento no alto e que alcança, ainda, a copa das árvores. Em todas essas transformações vemos ao mesmo tempo o crânio, o recipiente da inteligência, se estender, se desenvolver e se abaular, em concordância com tais transformações, na medida em que a dificuldade maior ou menor do modo de manutenção da vida exige mais ou menos inteligência; e, os diferentes graus do entendimento aparecem ao olho treinado pelos abaulamentos cranianos.

É evidente que aqui permanece, então, como um mistério aquele *elemento anatômico* mencionado acima como constante e inalterável na medida em que não cabe em uma explicação teleológica que se inicia apenas com sua pressuposição, uma vez que, em muitos casos, o órgão intencionado poderia ter sido levado à cabo tão apropriadamente quanto também com outra quantidade e ordenação dos ossos. Pode-se entender, por exemplo, por que o crânio humano está montado com oito ossos, a saber, para que possam se aproximar durante o nascimento, graças às fontanelas: mas o porquê do frango, que quebra o seu ovo, precisar ter o mesmo número de ossos cranianos não dá para entender. Precisamos supor, portanto, que esse elemento anatômico se baseia em parte na unidade e identidade da vontade de viver em geral, e em parte em que as formas originárias dos animais surgiram uma depois da outra (*Parerga*, vol. 2, § 91 [2. ed., § 93]) e que foi preservado, portanto, o tipo fundamental de todo o filo. O elemento anatômico é o que Aristóteles entende por seu αναγκαια φυσισ [natureza necessária] e a variabilidade de suas formas de acordo com seus fins ele chamou de την κατα λογον φυσισ [a natureza segundo um fim] (ver Aristóteles, *De partibus animalium III*, capítulo 2, *sub finem*: πως δε της αναγκαιας φυσεως κ. τ. λ. [como, porém, às naturezas necessárias etc.]), disso explicando que nos bovídeos o material para os dentes incisivos superiores foi utilizado nos chifres: o que está totalmente correto, uma vez que somente os ruminantes sem chifres, ou seja, o camelo e o mosquídeo, possuem esses dentes incisivos superiores que não existem em todos os que possuem chifres.

Tanto a adequação precisa da constituição física em relação aos fins e circunstâncias exteriores da vida do animal, aqui exposta na ossada, como também a tão notável adequação aos fins e harmonia na engrenagem de seu interior, não se tornam nem de longe tão compreensíveis por nenhuma outra explicação ou suposição do que pela verdade já constatada ulteriormente de que o corpo do animal justamente é apenas sua *própria vontade*, intuída como representação, consequentemente no cérebro, sob as formas do espaço, do tempo e da causalidade – ou seja, a mera visibilidade, objetividade da vontade. Pois, sob esse pressuposto, tudo nele e em sua superfície deve conspirar para o fim último, a vida desse animal. Nisso, nada que seja inútil, supérfluo, ausente, contrário aos fins, insuficiente ou imperfeito em sua espécie pode ser encontrado nele, mas tudo que for necessário deve existir ali, na medida exata em que é necessário, mas não mais do que isso. Pois aqui o mestre, a obra e o material são uma e mesma coisa. Por isso que todo e qualquer organismo é uma obra-mestra efusivamente perfeita. Não é que, aqui, a vontade tenha primeiro alimentado a intenção, conhecido o fim, ajustando-lhe os meios e dominando o material, mas sim que seu querer é imediatamente também o fim e imediatamente também alcança seus fins: não teve necessidade, assim, de nenhum meio alheio que precisasse ser previamente dominado: aqui, querer, fazer e alcançar eram uma e mesma coisa. Por isso, o organismo se apresenta como uma maravilha, incomparável com qualquer obra humana artificiada sob a lâmpada do conhecimento[45].

---

45. Por isso, a contemplação de toda e qualquer forma animal nos oferece uma completude, unidade, perfeição e harmonia, rigidamente levada à cabo, de todas as partes que se baseia tanto em um pensamento fundamental que, na sua contemplação, mesmo da mais esdrúxula forma animal, finalmente ocorrerá a quem se aprofundar ali, como se fosse a única correta, até possível, e não pudesse existir se quer outra forma de vida do que justamente essa. Nisso se baseia o mais profundo fundamento da expressão "naturalmente", quando com ele designamos que algo se compreende por si mesmo e não podendo ser nenhuma outra coisa. *Goethe* também foi capturado por essa unidade quando a contemplação de caramujos marinhos e caranguejos em Veneza o fez exclamar: "que coisa deliciosa, gloriosa é um ser vivo! Quão adequado ao seu

Nossa admiração da perfeição infinita e da adequação aos fins nas obras da natureza não se baseia, no fundo, em que as consideramos no mesmo sentido das nossas obras. Nestas, a vontade de realizar a obra é diferente da obra, havendo entre ambos, logo, ainda dois outros momentos: em primeiro lugar, o meio da representação, estranho à vontade tomada em si mesma, pelo qual ela tem que atravessar antes de se efetivar aqui; e, em segundo lugar, o material, estranho à vontade aqui em operação, no qual uma nova forma que lhe é estranha deve ser imposta, à qual ele resiste, por já pertencer a uma outra vontade, a saber, sua constituição natural, sua *forma substantialis*, a ideia (platônica) que se expressa nele: ele tem de ser subjugado primeiro, portanto, e sempre continuará repugnando em seu interior, por mais profunda que possa ter sido penetrada a forma artificial. De maneira bem diversa se passa com as obras da natureza que não são, como aquelas, uma manifestação mediada da vontade, mas imediata. Aqui, a vontade opera em sua originalidade, ou seja, sem o conhecimento: a vontade e a obra não estão separadas por nenhuma representação mediadora: elas são um. E até mesmo o material é um com

---

estado, quão verdadeiro, quão existente!" (*Leben* [vida], vol. 4, p. 223). Por isso que nenhum artista consegue imitar essa figura corretamente se não tiver feito dela objeto de seu estudo por anos a fio, entranhando no seu sentido e entendimento. Além disso, sua obra parece como que montada: embora tenha todas as partes, lhe falta o elo que a vincula e lhe dá coesão, o espírito da coisa, a ideia que é a objetividade do ato originário da vontade que se constitui como essa espécie (3. ed., acréscimo).

elas, pois a matéria é uma mera visibilidade da vontade. É por isso que encontramos aqui a matéria integralmente atravessada pela forma: ou melhor, contudo, são inteiramente da mesma origem, reciprocamente existindo uma para a outra e, nessa medida, sendo um. Trata-se de mera abstração que as separemos aqui também, assim como no caso da obra de arte. A matéria pura, absolutamente informe e sem constituição alguma que pensamos como material do produto natural é apenas um *ens rationis* [coisa racional] e não pode ocorrer na experiência. O material da obra de arte, por sua vez, é a matéria empírica, consequentemente, já enformada. A identidade entre forma e matéria é um caráter do produto natural; a diversidade entre ambos, do produto artístico[46]. Porque a matéria, no produto natural, é a mera visibilidade da forma, vemos a forma aparecer empiricamente também como mera criação da matéria, irrompendo desde seu interior, na cristalização, na *generatio aequivoca* [geração espontânea] vegetal e animal, que, ao menos nos parasitas, não se pode

---

46. É uma grande verdade que *Bruno* expressa (*De immenso et innumerabili* [Do imenso e inumerável] 8, 10): "*Ars tractat materiam alienam, natura materiam propriam. Ars circa materiam est; natura interior materiae*" [a arte trabalha um material alheio, a natureza, o seu próprio. A arte se opõe externamente à matéria, a natureza está no interior da matéria]. Ele trata disso ainda mais detalhadamente em *dela causa* [Da causa] (diálogo 3, p. 252ss.) – Ele explica a *forma substantialis* [forma substancial] como a forma de todo produto da natureza, a qual coincide com a *alma* (3. ed., acréscimo, p. 255,).

duvidar[47]. – Por essa razão pode-se supor que em nenhum lugar, em nenhum planeta ou satélite, a matéria entra em estado de repouso *infinito*, mas sim que as forças que lhe são inerentes (ou seja, a vontade, da qual é mera visibilidade) dão sem cessar um fim ao repouso em que ingressou, a despertando sem cessar de seu sono, a fim de recomeçar seu jogo com forças mecânicas, físicas, químicas e orgânicas, já que estão sempre a esperar, para isso, apenas a um ensejo.

Se quisermos compreender, contudo, a operação da natureza, não podemos tentar fazer isso pela comparação com nossas obras. A verdadeira essência de cada figura animal é um ato da vontade exterior à representação, consequentemente, também às suas formas espaço e tempo, e, justamente por isso, não conhece sucessão [*Nacheinander*] e justaposição [*Nebeneinander*], mas tem a mais indivisível das unidades. Então, se nossa intuição cerebral apreende, contudo, tal figura e até retalha a faca anatômica seu interior, surge à luz do conhecimento o que originalmente e em si é estrangeiro a tal figura e às suas leis, tendo, porém, de se apresentar nessa intuição, então, também de acordo com suas formas e leis. A unidade e indivisibilidade originais de todo e qualquer ato da vontade, essa essência verdadeiramente metafísica, aparecem, então, separadas, dispersas em

---

47. Assim se comprova o *dictum* [dito] da escolástica: "*Materia appetit formam*" [a matéria tem apetite por forma] (comparar com *O mundo como vontade e representação*. 3. ed. Vol. II, p. 352; acréscimo).

uma sucessão de partes e justaposição de funções que, entretanto, se apresentam como conectadas de maneira precisa entre elas pela mais íntima das relações, em auxílio e apoio recíprocos, como meio e fim recíprocos. O entendimento que assim apreende se vê admirado sobre a disposição profundamente sofisticado das partes e da combinação das funções, pois imputa involuntariamente também ao surgimento dessa forma animal o modo como se conscientiza dessa unidade original que se restabelece a partir da multiplicidade (provocada anteriormente pela sua forma do conhecimento). Este é o sentido da grande doutrina de Kant, que só o entendimento traz a adequação ao fim para a natureza, e depois se maravilha com o que ele mesmo criou[48]. Passa-se com ele (caso possa explicar algo tão elevado com uma alegoria trivial) como quando se admira que a soma dos algarismos de todos os múltiplos de 9 dão 9 ou um número cujos algarismos somados dão 9; ainda que ele mesmo preparara essa maravilha por utilizar o sistema decimal. – O argumento físico-teleológico faz com que a existência do mundo em um entendimento anteceda sua existência real, dizendo: se o mundo deve ser de acordo com fins, deveria estar disponível como representação antes que fosse. Eu, porém, digo, no sentido de Kant: se o mundo deve ser representação, então ele tem que se apresentar como

---

48. Comparar com *O mundo como vontade e representação*. 3. ed. Vol. II, p. 375 (acréscimo).

algo de acordo a fins e só depois adentra nosso intelecto.

De minha doutrina se segue, contudo, que todo e qualquer ente é sua própria obra. A natureza, jamais capaz de mentir e ingênua como o gênio, diz justamente a mesma coisa, na medida em que todo e qualquer ente acende a faísca de vida em outro, precisamente seu idêntico, que se faz então diante de nossos olhos, tomando o material do exterior, a forma e o movimento de si próprio, o que se chama de crescimento e desenvolvimento. Assim, todo e qualquer ente está como obra de si mesmo também de maneira empírica diante de nós. Mas não se entende a linguagem da natureza, por ser demasiado simples.

Fisiologia vegetal

Procedem principalmente dos franceses, nação com uma decisiva orientação empirista que evita dar um passo além do imediatamente dado, as confirmações sobre a aparição da vontade nos vegetais. O informante, além disso, é *Cuvier*, da famosa discórdia com *Geoffroy St. Hilaire* pela persistência daquele no que é puramente empírico. Não se deve admirar, portanto, se não nos depararmos aqui com uma linguagem tão decidida como nos atestados alemães anteriormente mencionados e virmos toda concessão ser feita com prudente cautela.

Cuvier diz, em sua *Histoire des progrès des sciences naturelles depuis 1789 jusqu' à ce jour* [História do progresso das ciências naturais de 1789 até hoje], Vol. 1, 1826, p. 245: "os vegetais têm certos movimentos aparentemente espontâneos que exibem sob certas circunstâncias, por vezes tão semelhantes aos dos animais que se poderia atribuir aos vegetais um tipo de sensação e *vontade*, o que poderia ser feito especialmente por aqueles que querem ver algo semelhante nos movimentos das partes *internas* dos animais. Assim, as copas das árvores anseiam sempre na direção do seu crescimento reto, menos quando se curvam na direção da luz. Suas raízes seguem na direção do solo e da humidade, abandonando o rumo reto. Não se explica, contudo, essa diversidade de rumos pela influência de causas externas caso não se suponha também uma disposição interna capaz de ser suscitada e distinta da mera atividade inerte dos corpos inorgânicos... *Decandolle* fez notáveis ensaios que lhe mostraram uma espécie de hábito nos vegetais que foi vencido só depois de certo tempo sob iluminação artificial. Vegetais que foram enclausurados em um porão continuamente iluminado, não cessaram, nos primeiros dias, de se fechar no advento da noite e de se abrir ao raiar da manhã. E há ainda outros hábitos que os vegetais podem assumir e abandonar. As flores, que se fecham em clima úmido, acabam permanecendo abertas se a umidade perdurar por tempo demais. Ao uma planta sensitiva ser levada pelo senhor *Desfontaines* na carruagem, no começo, pelo chacoalhar, ela se retraiu: mas depois finalmente voltou a se expandir, como quando está em completo repouso. Ou seja, luz, umidade etc. atuam aqui apenas por força de uma disposição interna que pode ser vencida ou modificada pelo exercício das próprias atividades, estando submetida a força vital dos vegetais, tal como a dos animais, ao cansaço e ao esgotamento. A *Hedysarum gyrans* distingue-se especialmente por seus movimentos que faz com suas folhas durante o dia e a noite sem necessitar de motivo algum para que isso ocorra. Se há algum fenômeno no reino vegetal que possa enganar e lembrar os movimentos voluntários dos animais, esse com certeza é um deles.

Broussonet, Silvestre, Cles e Halle o descreveram detalhadamente, demonstrando que sua atividade depende somente do bom estado do vegetal".

No terceiro volume dessa mesma obra (1828) (p. 166), *Cuvier* diz: "O senhor *Dutrochet* acrescenta considerações fisiológicas como consequências dos seus próprios ensaios e que considera comprovar que os movimentos dos vegetais são *espontâneos*, ou seja, dependem de um princípio interno que capta imediatamente a influência de agentes exteriores. Por seu escrúpulo, no entanto, de atribuir sensibilidade às plantas, no lugar dessa palavra põe a nervimobilidade". – Tenho que comentar aqui que o que pensamos pelo conceito de *espontaneidade*, se examinado mais detidamente, sempre acabará no de manifestação da vontade, do qual aquele seria, portanto, só um sinônimo. A única diferença é que o conceito de espontaneidade é extraído da intuição exterior, enquanto o de manifestação da vontade, da nossa própria consciência. – Um exemplo que dá o que pensar da violência do ímpeto dessa espontaneidade, incluso nos vegetais, nos oferece o *Cheltenham Examiner*, repetido no *Times* de 2 de junho de 1841: "Na última quinta-feira, três ou quatro grandes cogumelos realizaram, em sua ânsia fervorosa de irromper no mundo visível, um ato heroico de espécie inteiramente nova ao terem realmente erguido, em uma de nossas travessas mais movimentadas, um grande paralelepípedo".

Nos *Mémoires de l'académie des sciences de l'année 1821* (vol. 5. Paris, 1826, p. 171) *Cuvier* diz: "há séculos os botânicos se indagam o porquê de uma semente, ao germinar, sempre envia suas raízes para baixo e o caule para cima, não importa em que posição a gente a coloque. Já se atribuiu isso à umidade, ao ar e à luz: mas nenhuma dessas causas esclarece a questão. O senhor *Dutrochet* colocou sementes em buracos cavados no fundo de um recipiente preenchido com terra úmida, e então o pendurou na viga de um cômodo. Seria de se pensar, pois, que o caule cresceria para baixo, mas não. As raízes desceram pelos ares e os caules se prolongaram, atravessando a terra úmida, até que pudessem irromper na superfície superior. Para o Senhor Dutrochet, os vegetais assumem sua direção em virtude de um princípio interno e não pela atração dos corpos aos quais se dirigem. Na ponta de uma agulha pregada, mas inteiramente móvel, se prendeu uma semente de visgo e se a fez germinar, perto de uma pequena tábua: a semente logo direcionou suas raízes à tábua e em cinco dias a alcançou, sem que a agulha tivesse feito o menor movimento. – Caules de cebola e de alho-poró, com seus bulbos, depositados em lugares escuros, se elevam, mesmo que mais lentamente do que na claridade; até se colocados na água se elevam: o que dá prova suficiente de que não é nem ar nem umidade que lhes conferem direção". C. H. Schultz, em seu texto premiado *Sur la circulation dans les plantes* [Sobre a circulação entre as plantas], publicado pela *Académie des Sciences* em 1839, diz, no entanto, que teria feito germinar sementes em uma caixa escura, furada na parte de baixo, conseguindo, com um espelho fixado sob a caixa que refletia a luz solar, que as plantas crescessem na direção oposta, a copa para baixo, as raízes para cima.

Na entrada "animal" do *Dictionnaire des sciences naturelles*, está escrito que: "se os animais demonstram anelo na busca por alimento e capacidade de distinção em sua escolha, vê-se as raízes dos vegetais assumirem a direção da parte em que a terra é mais rica, buscando até mesmo nas rochas as mínimas rachaduras das quais possam extrair algum alimento: suas folhas e seus ramos direcionam-se meticulosamente da parte em que encontram mais ar e luz. Curvando-se um galho de tal maneira que a superfície superior de suas folhas fique voltada para baixo, então até as folhas retorcem seus talos para retornarem à posição mais favorável para o desempenho de suas funções (ou seja, o lado liso para cima). Sabe-se com certeza que isso ocorra sem consciência?"

Franz Meyen, que dedicou um capítulo bem detalhado ao objeto de nossa consideração atual no terceiro volume de seu *Neues Systems der Pflanzenphysiologie* [Novo sistema da fisiologia vegetal], de 1839, intitulado *Von den Bewegungen und der Empfindung der Pflanzen* [Dos movimentos e da sensibilidade dos vegetais], diz ali, na p. 585: "não é raro ver que batatas fechadas em porões fundos e escuros para proteger do verão, criam caules que se voltam sempre para as aberturas pelas quais a luz entra no porão, crescendo continuamente até que atinjam o local imediatamente iluminado. Já se viu um caule desse da batata de 20 pés de comprimento, enquanto os caules dessa mesma planta, em condições mais favoráveis, não chegam a três ou quatro pés de altura. É interessante observar com mais cuidado o caminho que toma o caule de uma dessas batatas que cresce no escuro até que finalmente alcance o orifício iluminado. O caule procura se aproximar da luz pelo caminho mais curto: mas, uma vez que não é rígido o suficiente para crescer atravessando o ar sem suporte algum, cai no chão e rasteja até a parede mais próxima, na qual só então passa a escalar". Além disso, esse botânico é levado pelos fatos a afirmar, p. 576: "observando os movimentos livres das oscilatórias e de outros vegetais inferiores, não resta alternativa senão reconhecer nessas criaturas um tipo de *vontade*".

Uma comprovação clara da manifestação da vontade nos vegetais dão as trepadeiras que sempre direcionam seu crescimento para onde houver mais sombra quando não têm nenhum amparo para se agarrar nas proximidades, até mesmo a um pedaço de papel de cor escura, onde quer que se o coloque: em contrapartida, fogem do vidro, já que reluz. Thomas Andrew Knight fez bons experimentos sobre isso, em especial com a *Ampelopsis quinquefolia* em seu *Philosophical Transactions of 1812*, traduzidos na *Bibliothèque Brinnique, section sciences et arts*, volume 52 – mesmo que, de sua parte, se esforce para explicar as coisas de maneira mecânica, sem querer admitir que se trata de uma manifestação da vontade. Refiro-me aos seus experimentos, não ao seu juízo. Alguém deveria plantar diversas trepadeiras sem apoio ao redor de um tronco e ver se elas não rastejam até ele de maneira centrípeta. – Dutrochet fez uma palestra sobre esse assunto em 6 de novembro de 1843 na *Académie des sciences* a partir do artigo *Sur les mouvements révolutifs spontanés chez les végétaux*, que, relevando sua grande prolixidade, vale muito a leitura, e publicado no *Compte rendu des séances de l'académie des sciences*, de novembro de 1843. O resultado é que os pecíolos da *Pisum sativum* (ervilha verde), da *Bryonia alba* e da *Cucumis sativus* (pepino), todos os quais possuem o *cirrus* (*la vrille*), a gavinha, descrevem um movimento circular bastante lento no ar que, dependendo da temperatura, completa uma elipse ao longo de uma a três horas, com o que procura ao acaso corpos fixos para que a gavinha, quando os encontra, se enrosque nele e então carregar a planta, sem o que esta não é capaz de ficar em pé. – Fazem-no, portanto, tão lentamente como lagartas sem olhos que, procurando uma folha, descrevem círculos no ar com a parte superior de seus corpos. – *Dutrochet* também ensina um pouco sobre outros movimentos vegetais no artigo acima citado, por exemplo, que o *Stylidium graminifolium*, na Nova Holanda, tem uma coluna no centro da corola que carrega as anteras e o estigma que se alterna entre se dobrar e voltar a se erguer. Parente disso é o que *Treviranus* ensina em seu livro *Die Erscheinungen und Gesetze des organischen Lebens* [As aparições e as leis da vida orgânica] (vol. 1, p. 173): "então, os filetes se inclinam uns em direção aos outros na *Parnassia palustres* e na *Ruta graveolens*, já na *Saxifraga tridactyles* o fazem em pares, em direção ao estigma, se erguendo novamente também aos pares". – Sobre o assunto acima, porém, diz um pouco antes: "os mais universais dos movimentos vegetais que parecem ser voluntários são o de extensão dos ramos ou do lado superior das folhas em direção à luz e ao calor úmido, e o de contorção e enroscamento das trepadeiras entorno de um suporte. Especialmente no último fenômeno, manifesta-se algo semelhante aos movimentos dos animais. É verdade que a trepadeira descreve, abandonada a si mesma em seu crescimento, círculos com as extremidades dos ramos, alcançando, graças a esse tipo de crescimento, um objeto próximo. Entretanto, não se trata meramente de uma causa mecânica o que, durante seu crescimento, a leva a se ajustar à figura do objeto alcançado. A *Cuscuta* não se retorce em torno de qualquer tipo de suporte, como partes animais, corpos vegetais mortos, metais ou outras matérias inorgânicas, mas apenas em torno de vegetais vivos, embora também não em torno de qualquer tipo de plantas, musgos não, por exemplo, mas apenas em torno daquelas que pode extrair, com suas papilas, o alimento que lhe é adequado, sendo atraída por essas até com certa distância"[49]. –

---

49. Brandis, em *Über Leben und Polarität* [Sobre a vida e a polaridade], de 1836, p. 88, diz: "as raízes dos vegetais que vivem em rochedos buscam o solo fértil que as nutre nas mais finas frestas das rochas. As raízes dos vegetais se enlaçam em um osso nutritivo, formando um denso amontoado. Vi uma raiz que teve seu crescimento no solo impedido por velha sola de sapado: ela se dividiu em tão numerosos filamentos quantos furos havia na sola de sapato, com os quais antes estava costurada: tão logo, porém, esses filamentos superaram o obstáculo e cresceram através dos furos, se reunificaram em uma única raiz-tronco". Ele diz: "se as observações de Sprengel

A peculiar observação seguinte, compartilhada na *Farmer's Magazine* e reproduzida no *Times* de 13 de julho de 1848 com o título *Vegetable instinct*, tem especialmente a ver com o assunto: "Ao se pôr uma vasilha com água a uma distância de 6 polegadas de qualquer lado do caule de uma tenra abóbora ou de uma grande ervilha de jardim, então, durante a noite, o caule irá se aproximar dela e será encontrado, de manhã, com uma folha nadando sobre a água. Pode-se prosseguir com esse experimento todas as noites, até que a planta comece a dar frutos. – Ao se posicionar uma estaca em uma distância de até 6 polegadas de um tenro *Convolvulus*, ele o irá encontrar, mesmo que se altere sua posição diariamente. Se uma parte sua estiver enroscada na estaca, for desenrolada e o reposicionarmos na direção oposta à estaca, ele retornará à posição original ou perecerá na ânsia de conseguir. Mesmo assim, contudo, quando duas dessas plantas crescem próximas uma da outra, sem uma estaca para se enroscar, então uma modificará a direção de sua espiral e elas irão se enroscar uma na outra. – *Duhamel* colocou alguns feijões em um cilindro com terra úmida: pouco tempo depois, começam a germinar e a impulsionar, evidentemente, a *plúmula* para cima, em direção à luz, enquanto a *radícula* para baixo, em direção ao chão.

---

se confirmarem, até mesmo relações mediais são percebidas (pelos vegetais) com a finalidade de atingir tal fim (fertilização): nomeadamente as anteras da *Nigella* se curvam com a finalidade de levar seu polem às costas das abelhas, e os pistilos se curvam da mesma maneira com a finalidade de recebê-los das costas dessas abelhas" (3. ed., acréscimo, p. 87).

Alguns dias depois, giraram o cilindro um quarto de volta, e novamente depois, até que completasse a volta. Então tiraram os feijões da terra e se descobriu que ambas, *plúmula* e *radícula*, tinham-se torcido a cada giro para se ajustar a eles, uma se esforçando de crescer ortogonalmente para cima, a outra para baixo, pelo que acabaram formando uma espiral perfeita. Mas ainda que a ânsia natural das raízes seja para baixo, caso o chão seja seco e alguma substância úmida estiver localizada acima, elas subirão para alcançá-la".

Nas *Notizen* [Notas] de Froriep, de 1833, nº 832, há um breve artigo sobre a locomobilidade dos vegetais: muitos vegetais em solo ruim, próximos de um melhor, levaram um de seus galhos para baixo, até o bom; depois disso, o original vai murchar, mas o galho vinga, se tornando agora ele mesmo a planta. Com esse procedimento, um vegetal desceu de um muro.

Nesse mesmo periódico, na edição de 1835, nº 981, há uma tradução de uma comunicação do Prof. Daubeny em Oxford (retirado do *Edinburgh New Philosophical Journal* de abril/junho de 1835) que tornou indubitável, com um experimento novo e bastante cuidadoso, que as raízes dos vegetais, ao menos até certo grau, têm a capacidade de fazer uma escolha entre os materiais do solo oferecidos em sua superfície[50].

---

50. A isso também pertence, finalmente, um debate bastante diferente que ocorreu pelo acadêmico francês *Babinet* em um artigo sobre as estações do ano nos planetas, que se encontra na *Revue des deux Mondes* de 15 de janeiro de 1856 e que quero reproduzir o principal em alemão. A intenção do artigo é, na

Por fim, não quero deixar de notar que já Platão atribuía aos vegetais anelo, επιθυμιας, ou seja, vontade (*Timeu*, p. 403, edição Bipontini). Já discuti, no entanto, a doutrina dos antigos sobre o

---

verdade, atribuir à sua causa mais imediata o fato conhecido de que os cereais crescem apenas nos climas apropriados: "Se o cereal não tivesse necessariamente que murchar no inverno, mas fosse um vegetal perene, ele não teria espigas e, consequentemente, não haveria colheita. Nas terras quentes da África, Ásia e América, onde o inverno não mata os cereais, seus vegetais vivem tanto quanto a grama entre nós, se multiplicando em brotos, está sempre verde e não forma nem espiga, nem semente. – Nos climas frios, em contrapartida, o organismo dos vegetais, graças a um milagre incompreensível, parece pressentir a necessidade de atravessar o estado de grão para não perecer na estação fria (*L'organisme de la plante, par un inconcevable miracle, semble pressentir la nécessité de passer par l'état de graine, pour ne pas périr complètement pendant la saison rigoureuse*). De modo análogo, nos países trópicos, como a Jamaica, são as faixas de terra que passam por uma 'estação árida', ou seja, uma estação em que todos os vegetais murcham que dão cereais; pois, aqui, o vegetal, pelo mesmo pressentimento orgânico (*par le même pressentiment organique*), ao se aproximar da estação em que deve definhar, se apressa a lançar sementes para se propagar". No fato exposto pelo autor como milagre incompreensível reconhecemos uma manifestação da vontade do vegetal em potência elevada, na medida em que aqui ela surge como vontade da espécie e, de maneira análoga ao dos instintos de muitos animais, passa a se preparar para o futuro, sem que seja dirigida por um conhecimento disso. Vemos aqui o vegetal em clima quente dispensar um evento extenso que apenas o clima frio o obrigava a realizar. Exatamente o mesmo fazem os animais, em casos análogos, e mesmo as abelhas relatadas por Leroy, em seu livro publicado *Lettres philosophiques sur l'intelligence des animaux* [Cartas filosóficas sobre a inteligência dos animais] (na 3ª carta, p. 231), que, levadas à América do Sul, no primeiro ano recolheram mel e construíram suas colmeias como na terra natal, mas ajustaram seu trabalho ao gradualmente perceberem que aqui os vegetais florescem durante todo o ano. – O mundo animal oferece um fato análogo a essa mudança no modo de propagação do cereal nos há tempos famosos *pulgões*. Sabe-se que se propagam ao longo de dez a doze gerações sem fecundação, mediante uma anomalia do processo ovovíparo. Isso ocorre durante todo o verão: mas no outono surgem os machos, ocorre a cópula e os ovos são colocados como hibernáculo para toda a espécie, já que só com tal forma ela pode resistir ao inverno (3. ed., acréscimo).

assunto em minha principal obra (vol. 2, cap. 23), num capítulo que, como um todo, também deve ser utilizado como complemento ao atual.

A hesitação e a cautela com que vimos os escritores aqui mencionados lidar com a atribuição da vontade aos vegetais, mesmo que dada e anunciada de maneira empírica, provém do fato de que eles também estão enviesados pela velha opinião de que o requisito e a condição da vontade seria a consciência, que os vegetais evidentemente não possuem. Não lhes ocorreu que a vontade é primária e, consequentemente, anterior ao conhecimento, com o qual, como secundário, aparece então a consciência. Os vegetais possuem apenas algo análogo ao conhecimento ou representação, um substituto; mas realmente têm vontade e até mesmo totalmente imediata: pois, como coisa em si, ela é o substrato de sua aparição, como de todas as outras. Pode-se dizer também, procedendo de modo realista e, por conseguinte, partindo do objetivo: aquilo que vive e impulsa no organismo animal, ao gradualmente se subir a tal ponto na hierarquia dos seres que a luz do conhecimento recai de modo imediato, se apresenta como vontade nessa consciência que passa a se constituir daí em diante, sendo aqui conhecida de modo mais imediato, e, consequentemente, melhor do que em qualquer outra parte; esse conhecimento, portanto, deve fornecer a chave para a compreensão de tudo o que for hierarquicamente mais baixo. Pois, nele, a coisa em si não está mais velada por nenhuma outra forma do que pela mais imediata das percepções. Essa percepção imediata do próprio querer é o que se chamou de senso interior. A vontade não é perceptível em si, permanecendo assim nos reinos inorgânico e vegetal. Tal como o mundo permaneceria sombrio apesar do sol se não houvesse corpos que refletissem sua luz, ou tal como a vibração de uma corda necessita do ar e mesmo de algum tipo de corpo ressonante para se tornar som, a vontade só se torna consciente de si mesma com a entrada do conhecimento: o conhecimento é, por assim dizer, o corpo ressonante da vontade, e o tom que provém disso é a consciência. Esse conscientizar-se-de-si-mesmo da vontade foi atribuído ao assim chamado senso interior, por ser nosso primeiro conhecimento e imediato. O objeto desse senso interior são meramente as diversas moções [*Regungen*] da própria vontade, uma vez que a representação não pode ser ela mesma percebida novamente, mas no máximo pode vir novamente à consciência, apenas na reflexão racional, essa segunda potência da representação, ou seja, *in abstracto*. Por isso, pois, que a simples representação (intuição) também está para o pensamento autêntico, ou seja, o conhecimento de conceitos abstratos, assim como o querer em si para o se dar conta desse querer, ou seja, para a consciência. É por isso que a consciência clara e nítida tanto da própria existência, como da dos outros, surge somente com a razão (a faculdade dos conceitos), que eleva os humanos tão alto acima do animal como a faculdade representativa meramente intuitiva destes o eleva acima dos vegetais. Àquilo, então, que não possui representação, como os vegetais, chamamos inconsciente e pensamos como quase indistinto do não-ente, na medida em que possui sua existência autenticamente apenas na consciência dos outros, como sua representação. No entanto, não lhe falta o primário da existência, a vontade, mas apenas o secundário: mas nos parece que, sem o secundário, o primário, que é afinal o ser em si das coisas, acaba em nada. Não sabemos distinguir imediatamente e de maneira clara uma existência inconsciente do não-ser, embora o sono profundo nos dê uma experiência própria disso.

Se recordarmos que, no capítulo anterior, o entendimento, tal como todo outro órgão, surgiu nos animais apenas com o propósito de sua manutenção e, por conseguinte, está em relação, precisa e conforme os inúmeros níveis, com as necessidades de cada espécie animal, então compreenderemos que o vegetal, por ter tão menos necessidades do que o animal, finalmente, não necessita mais de entendimento. Justamente por isso, como digo sempre, o conhecer, dado o movimento por motivos condicionado por isso, é a verdadeiro caráter da animalidade, caracterizando seu limite essencial. Onde a animalidade acaba, desaparece o conhecimento autêntico cuja essência nos é bem conhecida pela nossa própria experiência, e a partir desse ponto, apenas pela analogia podemos atinar a influência do mundo exterior nos movimentos dos seres. Em contrapartida, a vontade, que reconhecemos como a base e o núcleo de todo e qualquer ser, permanece, sempre e em toda parte, uma e a mesma. Nos níveis inferiores do mundo vegetal, assim como na vida vegetativa do organismo animal, o *estímulo* é o representante do conhecimento, ocupando seu lugar, como meio de determinação das manifestações singulares dessa vontade onipresente e como intermediário entre o mundo exterior e as modificações de tal ser e, por fim, o efeito físico o é no nível inorgânico, se apresentando, quando se observa de cima para baixo, como aqui, como substituto do conhecimento e, com isso, como algo que lhe é meramente análogo. Não podemos dizer que aquilo que os vegetais fazem seja autenticamente perceber a luz e o sol, apenas que vemos que, de diferentes maneiras, eles sentem sua presença ou ausência, que tendem e se voltam a eles; e, ainda que seja evidente que a maior parte desse movimento coincida com seu crescimento, como a rotação da lua com sua translação, aquele não existe menos por isso do que este, e a direção desse crescimento é determinada pela luz como uma ação por um motivo, e modificada de maneira planejada, assim como as trepadeiras, com suas gavinhas, o fazem com seu lugar e forma segundo o suporte encontrado. Uma vez que o vegetal tem, portanto, necessidades em geral, mesmo que não aquelas que exigiram o investimento em um sistema sensorial e em um intelecto, deve ocorrer algo análogo no lugar para pôr a vontade em condições de ao menos se satisfazer com o que lhe é oferecido, já que não tem condições de buscá-lo. Isso é, pois, a receptividade ao *estímulo*, cuja diferença do conhecimento eu gostaria de expressar pelo fato de que, no conhecimento, o motivo que se apresenta como representação e o ato de vontade que se segue dele *permanecem claramente separados um do outro*, e isso é tanto mais claro quanto mais perfeito for o intelecto – já na mera receptividade para estímulos, em contrapartida, não se pode mais distinguir a recepção do estímulo do querer por ele provocado, estando ambos fundidos em um. Finalmente, na natureza inorgânica, a receptividade para estímulos, cuja analogia com o conhecimento é inconfundível, também cessa: permanecem, no entanto, reações variadas de cada corpo aos variados efeitos: essas se apresentam, então, aqui também ainda como substitutos do conhecimento nessa escala decrescente de nossa observação. Se o corpo reage de um modo diferente, então também o efeito realizado sobre ele deve ser diferente e despertar uma afecção diferente nele que, em toda sua apatia, ainda tem uma analogia remota com o conhecimento. Se, portanto, por exemplo, a água represada encontra finalmente um rompimento de que faz uso ansioso, urgindo-se de maneira tumultuosa nela, então não é de modo algum que ela reconhece esse rompimento, tampouco o ácido percebe o alcalino que lhe foi aproximado, em cuja direção atravessa o metal, ou os pedaços de papel o âmbar esfregado em lã que os atrai: mas, mesmo assim, devemos admitir que aquilo que ocasiona modificações tão repentinas nesses corpos ainda deve ter certa semelhança com o que se passa em nós quando surge um motivo inesperado. Antigamente, esse tipo de observações me servia para comprovar a existência da *vontade* em todas as coisas: agora, contudo, a emprego para mostrar até qual esfera pertence o *entendimento* quando não se o observa, como de costume, de dentro, mas realisticamente, de um ponto de vista situado fora dele mesmo, como um estrangeiro, ou seja, quando se assume o ponto de vista objetivo em relação a ele, altamente importante para complementar o subjetivo[51]. Vemos que ele se apresenta, a partir daí, como *meio dos motivos*, ou seja, da causalidade sobre seres cognoscentes, como, portanto, aquilo que recebe as modificações de fora, das quais deve se seguir as de dentro, o mediador entre ambas. É sobre essa linha fina que paira, então, o *mundo como representação*, ou seja, todo esse mundo corpóreo estendido em tempo e espaço e, *como tal*, não pode existir em parte alguma, senão no cérebro; tal como os sonhos que existem pelo tempo de sua duração. Aquilo que o conhecimento como meio dos motivos presta ao animal e ao humano, a receptividade para estímulos presta aos vegetais e a receptividade para causas de todo tipo aos corpos inorgânicos e, a rigor, tudo isso só se diferencia em grau. Pois é apenas por consequência da elevação, nos animais, da receptividade para impressões externas segundo a medida de suas necessidades até o ponto de ter que se desenvolver em seu auxílio um sistema nervoso e um cérebro que surgiu, como função desse cérebro, a consciência e o mundo objetivo nela, cujas formas (tempo, espaço, causalidade) são do modo como essa função

---

51. Comparar com *O mundo como vontade e representação*, vol. 2, cap. 22: "Perspectiva objetiva do intelecto".

se realiza. Encontramos originalmente, portanto, o entendimento computado completamente ao subjetivo, determinado meramente ao serviço da vontade, consequentemente surgindo de maneira completamente secundária e subordinada, por assim dizer apenas *per accidens*, como condição do efeito, tornado necessário no nível da animalidade, de meros motivos, em vez de estímulos. A imagem de mundo que surge nessa oportunidade no espaço e tempo é meramente o plano sobre o qual os motivos se apresentam como fins: ela condiciona também as relações espaciais e causais dos objetos intuídos uns com os outros, mas é, mesmo assim, meramente o intermediário entre o motivo e o ato da vontade. Que salto seria, então, considerar essa imagem de mundo, originada dessa maneira acidental no intelecto, ou seja, na função cerebral dos seres animais, na medida em que lhes apresenta os meio para seus fins e, assim, aclara a esses seres efêmeros seu caminho sobre o planeta – considerar essa imagem, digo, esse mero fenômeno cerebral, como a essência última e verdadeira das coisas (coisa em si) e o encadeamento de suas partes como a ordem absoluta do mundo (relações entre as coisas em si), e supor que isso tudo também existiria sem depender do cérebro! Essa suposição deve parecer-nos aqui como altamente precipitada e equivocada: e, ainda assim, é o fundamento e o solo em que todos os sistemas do *dogmatismo* pré-kantiano foram edificados: pois é o pressuposto tácito de todas as suas ontologias, cosmologias e teologias, assim como de todas *aeternarum veritatum* [verdades eternas] nelas invocadas. Mas tal salto, então, fora sempre feito tácita e inconscientemente: ter nos conscientizado dele, essa precisamente a façanha imortal de Kant.

Pela maneira realista de nossa consideração atual, obtemos aqui, de maneira inesperada, o ponto de vista objetivo para as grandes descobertas de Kant, chegando, pelo caminho da consideração empírico-fisiológica, até o local de onde parte sua consideração crítico-transcendental. Esta, a saber, assume como seu ponto de vista o subjetivo e considera a consciência como algo dado: mas, a partir disso mesmo e de suas leis dadas *a priori*, chega ao resultado de que o que ocorre ali não pode ser nada além da mera aparência. Em contrapartida, a partir de nosso ponto de vista realista, externo, que toma o objetivo, o ser natural, como algo completamente dado, nós vemos aquilo que o intelecto é de acordo com seu fim e origem, e também a qual classe de fenômenos pertence: disso reconhecemos (*a priori*) que deve estar limitado a meras aparições, e que aquilo que se apresenta nele só pode ser algo condicionado principalmente de modo subjetivo, ou seja, um *mundus phaenomenon* [mundo fenomênico], juntamente com a ordem, do mesmo modo condicionada subjetivamente, do nexo de suas partes, nunca, porém, um entendimento das coisas de acordo com aquilo que elas são em si ou com o modo pelo qual podem se relacionar. Encontramos, em relação com a natureza, aliás, a faculdade do entendimento como algo determinado, cujos enunciados, justamente por isso, não podem ter uma validade incondicional. A quem tiver estudado a *Crítica da razão pura*, essencialmente estrangeira ao nosso ponto de vista, se a tiver compreendido, deve parecer como se a natureza determinou intencionalmente o intelecto a se tornar um espelho distorcido, brincando conosco de esconde-esconde. Nós, porém, chegamos agora, por nosso caminho realista-objetivo, ou seja, partindo do mundo objetivo como dado, no mesmo resultado obtido por *Kant*, pelo caminho idealista-subjetivo, ou seja, pela consideração do próprio intelecto, e como ele constitui a consciência: e o nosso resultado foi que o mundo como representação paira sobre a linha fina entre a causa externa (motivo) e o efeito provocado (ato da vontade) no ser cognoscente (animal), na condição de onde começa a distinção clara entre ambos. *Ita res accendent lumina rebus* [pois uma coisa explica a outra. Lucrécio, *De rerum natura*, I, 1109]. Apenas por se ter atingido, por dois caminhos opostos, o resultado alcançado por Kant, que este obtém toda sua clareza, tornando-se claro também todo seu sentido, na medida em que aparece iluminado pelos dois lados. Nosso ponto de vista objetivo é realista e, portanto, condicionado, na medida em que, assumindo os seres da natureza como dados, desconsidera que sua existência objetiva pressupõe um intelecto no qual se encontram primariamente como sua representação: mas o ponto de vista subjetivo e idealista de Kant é igualmente condicionado, na medida em que parte da inteligência que tem ela mesma a natureza como pressuposto, podendo surgir apenas em consequência de desenvolvimento até o ser animal. – Atendo-se a nosso ponto de vista realista-objetivo, pode-se caracterizar a doutrina de Kant também assim: que Kant, tendo subtraído, depois de *Locke*, para conhecer as coisas em si, a parte das funções sensíveis das coisas tais como elas aparecem, nomeando tais partes como propriedades secundárias, subtraiu, com sagacidade infinitamente enorme, a incomparavelmente mais considerável parte das funções cerebrais que justamente abarcam as propriedades primárias de *Locke*. Eu, porém, apenas mostrei aqui porque tudo isso deve se comportar assim, ao comprovar a posição que o intelecto assume em relação à natureza quando se parte, realisticamente, do objetivo como dado, tomando como ponto de apoio, porém, a vontade, tornada consciente unicamente de modo completamente imediato, esse verdadeiro που στω [ponto de vista] da metafísica, na condição de o real originário do qual todo o resto é apenas aparição. Para complementar isso vale o que se segue.

Mencionei acima que onde o entendimento tem lugar, o motivo que surge como representação e o ato de vontade que se segue dele *permanecem separados um do outro tão claramente* quanto mais o intelecto for perfeito, ou seja, quanto mais nos elevarmos na ordem dos seres. Isso precisa de uma explicação mais precisa. Onde ainda é o mero estímulo que excita a atividade da vontade que não chega ainda à representação, ou seja, nos vegetais, a recepção da impressão ainda não está separada da determinação por essa impressão. Nas inteligências animais mais inferiores, nos radiários, acalefos, acéfalos e semelhantes, é bem pouco diferente: uma sensação de fome, que excita e faz ficar alerta, percebendo a presa, e então a apanha, isso perfaz todo o conteúdo da consciência, mas é, apesar disso, a primeira aurora do mundo como representação, seu *background*, ou seja, tudo, fora o motivo que opera a cada vez, permanece aqui ainda em completa escuridão. Os órgãos dos sentidos também são, de modo correspondente, altamente imperfeitos e incompletos, já que precisam enviar a um entendimento embrionário muito pouco *data* para intuição. Em toda parte, no entanto, onde há sensibilidade, um entendimento já a acompanha, ou seja, a faculdade de referir o efeito sentido a uma causa externa: sem este, a sensibilidade seria superficial e apenas uma fonte de dor sem finalidade. Quanto mais se sobe na ordem dos animais, se instalam mais sentidos e mais perfeitos, até que todos os cinco estejam presentes, o que surge em poucos animais invertebrados, mas integralmente apenas nos vertebrados. O cérebro e sua função, o entendimento, se desenvolvem uniformemente: então, o objeto se apresenta de maneira mais clara e completa, até mesmo estando em nexo com outros objetos, pois as relações entre objetos também devem agora serem apreendidas a serviço da vontade: desse modo, o mundo da representação obtém certo contorno e pano de fundo.

Mas a apreensão ainda só vai até onde exige o serviço da vontade: a percepção e o ser solicitado por ela não são puramente distinguidos: o objeto é apreendido apenas na medida em que é motivo. Até mesmo os animais mais espertos veem nos objetos apenas o que lhes concerne, ou seja, o que se refere a seu querer ou, na melhor das hipóteses, também aquilo que futuramente possa lhes concernir; como, por exemplo, a esse respeito, os gatos se empenham para adquirir um conhecimento preciso do local e a raposa para detectar esconderijos de futuras presas. Mas diante de todo o resto, são insensíveis: talvez nenhum animal tenha jamais levado o céu estrelado em consideração: meu cachorro sobressaltou-se com um grande susto ao ter mirado por acaso o sol pela primeira vez. Nos mais espertos animais, formados pela domesticação, aparece às vezes o primeiro traço frágil de uma apreensão desinteressada do seu entorno. Cães chegam a ficar embasbacados: a gente os vê sentados à janela, prestando atenção em tudo o que se passa diante deles, acompanhando com o olhar: macacos olham ao redor às vezes, como se aspirassem meditar sobre seu entorno. Só nos humanos aparece muito claramente separados motivo e ação, representação e vontade. Isso, porém, não suspende imediatamente a servidão do intelecto à vontade. O humano ordinário apreende das coisas apenas aquilo que, direta ou indiretamente, tiver muito claramente uma relação com ele mesmo (que lhe interessar): no restante, seu intelecto fica insuperavelmente inerte:

permanecendo, portanto, em segundo plano, não surgindo com uma nitidez completa e radiante na consciência. Permanecem eternamente estrangeiras a admiração filosófica e o arrebatamento artístico pela aparência a esses humanos, no que quer que façam: tudo lhes parece, no fundo, óbvio. O descolamento e a separação completa do intelecto da vontade e de seu serviço são privilégio do gênio, como demonstrei detalhadamente na parte estética de minha obra. Genialidade é objetividade. A pura objetividade e clareza com que as coisas se apresentam na intuição (esse conhecer fundamental, rico em conteúdo) fica efetivamente a cada momento em relação inversa com a parcela que a vontade toma nessas mesmas coisas, e o conhecer sem vontade é a condição, a essência de toda apreensão estética. Por que um pintor ordinário, apesar de todo esforço, representa tão mal a paisagem? Porque ele não a vê mais bela. E por que não a vê mais bela? Porque seu intelecto não está suficientemente separado de sua vontade. O grau dessa separação põe a grande diferença intelectual entre os humanos: pois o conhecer é tanto mais puro e, consequentemente, objetivo e correto, quanto mais tiver se desprendido da vontade; como a melhor fruta é a que não possui nenhum retrogosto do solo em que cresceu.

Essa relação tão importante e interessante merece que, com olhar retrospectivo em relação a toda a escala dos seres, a elevemos a uma maior clareza, tornando presente a passagem gradual do subjetivo incondicionado até os mais altos grais da objetividade do intelecto. É a natureza inorgânica que, a saber, é incondicionada subjetivamente, na condição de aquilo onde ainda não existe nenhum traço de consciência do mundo exterior. Pedras, troncos, blocos de gelo, mesmo ao cair uns sobre os outros, ou quando se chocam e fazem atrito uns contra os outros, não têm consciência uns dos outros e do mundo exterior. No entanto, já experimentam um efeito do exterior que se altera de acordo com sua posição e movimento e que é possível considerar, portanto, como o primeiro passo rumo à consciência. Mesmo que os vegetais ainda não possuam também consciência do mundo exterior, mas se deva pensar o mero análogo de uma consciência que existe nelas como um vago autodesfrutamento, vemos, porém, todos eles buscarem a luz, muitos deles voltarem suas flores e folhas diariamente ao sol, as trepadeiras se arrastarem até um suporte que não as toca, e, finalmente, algumas espécies até manifestarem um tipo de irritabilidade: já existe, portanto, incontestavelmente uma conexão e relação entre seu entorno, mesmo que não o toque imediatamente, e seus movimentos, que devemos tratar, portanto, como um análogo débil da percepção. Apenas com a animalidade aparece de maneira decisiva a percepção, ou seja, a consciência das outras coisas, como oposição à clara consciência que surge somente a partir disso. É justamente nisto que consiste o caráter da animalidade em oposição à natureza-vegetal. Nas classes mais inferiores da animalidade, essa consciência está bem limitada e vaga: vai ficando mais clara e extensa com o aumento gradual da inteligência, regulada, por sua vez, de acordo com o grau de necessidade do animal; e segue assim, passando por toda a larga escala do reino animal, até o humano, no qual a consciência do mundo exterior atinge seu ápice e, nessa medida, o mundo se apresenta mais claro e completo do que em qualquer outra parte. Mas mesmo aqui a claridade da consciência ainda tem incontáveis graus, a saber, do estúpido mais obtuso ao gênio. Mesmo nas cabeças normais a percepção objetiva das coisas exteriores ainda tem um considerável aspecto subjetivo: conhecer porta, geralmente, ainda o caráter de existir meramente para o auxílio da vontade. Quanto mais eminente a cabeça for, mais ela perde esse caráter e representa o mundo exterior de maneira mais puramente objetiva, até, por fim, no gênio, atingir a objetividade completa, graças à qual aparecem as ideias platônicas das coisas singulares, pois a apreensão delas o eleva à sujeito puro do conhecimento. Uma vez, então, que a intuição é a base de todo conhecimento, se nota a influência de uma diferença fundamental como essa em sua qualidade em todo pensamento e compreensão; de onde vem a diferença completa em todos os modos de apreensão entre a cabeça comum e a eminente, percebida em toda e qualquer ocasião, assim como a da seriedade vaga, próxima à animalidade, e das cabeças ordinárias, que conhecem meramente em auxílio do querer, em oposição ao jogo constante com o conhecimento superabundante que rejubila a consciência dos preeminentes. – A expressão hiperbólica em alemão *Klotz* (aplicada a pessoas), em inglês *blockhead*, em português cabeça-dura, bronco, parece provir da observação dos extremos da grande escala aqui exposta.

Mas uma outra consequência da separação clara, que surge apenas nos seres humanos, entre intelecto e vontade e, consequentemente, entre motivo e ação, é a aparência ilusória de uma liberdade nas ações singulares. Onde o efeito gera causa, no inorgânico, e estímulo, no vegetal, não há a menor aparência de liberdade pela simplicidade da conexão causal. Mas, já na vida animal, o que até então era causa e estímulo surge como motivo, existindo agora, consequentemente, um segundo mundo, o da representação, o que faz a causa passar a estar em um domínio e o efeito em outro, não sendo mais tão evidente como era antes o nexo causal entre ambos e, com ele, sua necessidade. Entretanto, ele ainda é inconfundível no animal, cuja representação meramente intuitiva se mantém no meio entre as funções orgânicas causadas pelo estímulo e a ação deliberada humana: a ação do animal é inevitável na presença do motivo intuitivo caso não opere um motivo intuitivo contrário ou o adestramento; e, no entanto, sua representação já se separa do ato da vontade e vai somente por si mesma à consciência. Mas, no humano, onde a representação se elevou em conceito, oferecendo um mundo invisível de pensamentos que traz na cabeça, motivos e motivos contrários para sua ação, o que o torna independente do presente e do entorno intuído, nele já não dá mais para reconhecer aquele nexo pela observação do exterior e, mesmo pelo interior, apenas pela reflexão abstrata e madura. Pois, pela observação exterior, tal motivação por conceitos cunha em todos seus movimentos a marca do premeditado, pelo que obtém a aparência de independência, o que evidentemente diferencia seus movimentos dos do animal, mas, no fundo, só atestando que o humano é atuado por uma categoria de representações da qual o animal não toma parte; e na autoconsciência, por sua vez, o ato da vontade é conhecido da maneira mais imediata de todas, mas o motivo em geral de modo bastante mediado, ficando cuidadosamente velado perante o autoconhecimento, muitas vezes até mesmo intencionalmente. Esse processo, portanto, coincidindo com a consciência de tal liberdade autêntica que corresponde à vontade como coisa em si fora da representação, gera a aparência ilusória de que mesmo o ato singular da vontade não dependeria de absolutamente nada e seria livre, isto é, sem fundamento; enquanto, na verdade, em dado caráter e motivo conhecido, ocorre até com necessidade tão rigorosa quanto as modificações, cujas leis são ensinadas pela mecânica, e se deixariam calcular com tanta certeza quanto um eclipse lunar, para utilizar a expressão de Kant, caso seu caráter e seu motivo fossem conhecidos de modo preciso, ou, para acrescentar-lhe uma autoridade bastante heterogênea, como *Dante*, mais antigo do que Buridan, diz:

Intra duo cibi distanti e moventi
D'un modo, prima si morrìa di fame.
Che liber' uomo l'un recasse a' denti

[Entre dois pratos igualmente distantes,
A pessoa morreria de fome antes que,
Por livre vontade, levasse um deles à boca][52].

[*Divina Comédia*], "O Paraíso", 4, 1.

---

52. Ou, na tradução de Italo Eugenio Mauro [ALIGHIERI, D. *A divina comédia*. – Paraíso. São Paulo: Ed. 34, 1998, p. 31: "Entre dois pratos iguais, atraentes/ e a igual distância, antes morreria/ de fome, um homem, de lhes pôr os dentes" [N.T.].

Astronomia física

Mal poderia esperar uma confirmação dos cientistas empíricos para outra parte de minha doutrina que não para a que aplica a verdade fundamental de que a coisa em si de Kant é a vontade também à natureza inorgânica e que apresenta aquilo que atua em todos os seus princípios como totalmente idêntico com o que conhecemos em nós como vontade. – Tanto mais gratificante me foi ver que um excelente cientista empírico, rendido pela força da verdade, também chegou, no contexto de sua ciência, a enunciar essa proposição paradoxal. Trata-se do *Sir John Herschel*, em seu *Treatise on astronomy* [Tratado de astronomia], publicado em 1833, com uma segunda edição expandida de 1849 entitulada *Outlines of Astronomy* [Um panorama da astronomia]. Ele, portanto, na condição de astrônomo, conhece não apenas a gravidade por seu papel parcial e efetivamente grosseiro pelo qual ela atua na Terra – mas sim pelo papel mais nobre que lhe cabe no cosmo, onde os corpos celestes jogam uns com os outros, revelando afinidades, como que se cortejando, mas sem chegar ao contato grosseiro, e sim guardando a devida distância, continuamente dançando seu minueto com decoro, para a harmonia das esferas – pode-se ver *Sir John*

Herschel indagar, portanto, no capítulo 7, tratando do estabelecimento da lei da gravidade, §371 da primeira edição:

"*All bodies with which we are acquainted, when raised into the air and quietly abandonned, descend to the earth's surface in lines perpendicular to it. They are therefore urged thereto by a force or effort, the direct or indirect result of a consciousness and a* will *existing somewhere, though beyond our power to trace, which force we term* gravity" [Todos os corpos conhecidos, quando elevados no ar e simplesmente soltos, caem na superfície terrestre em uma linha perpendicular em relação a ela. Eles são instados, portanto, a isso por uma força ou um esforço, o resultado direto ou indireto de uma consciência e uma *vontade* existentes em alguma parte, embora além de nosso alcance, força essa que chamamos de *gravidade*][53].

---

53. *Copérnico* já tinha dito a mesma coisa: "*Equidem existimo gravitatem non aliud esse quam appetentiam quandam naturalem partibus inditam a divina providentia opificis universorum, ut in unitatem integritatemque suam se conferant in formam globi coeuntes. Quam affectionem credibile est etiam soli, lunae ceterisque errantium fulgoribus inesse, ut eius efficacia, in ea, qua se repraesentant, rotunditate permaneant, quae nihilominus multis modis suos efficiunt circuitus*"

[Eu, pelo menos, sou da opinião de que a gravidade não é outra coisa do que certa aspiração das natural das partes implantadas pela providência divina do artífice universal para que se unam, em forma esférica, em uma unidade e totalidade. Deve-se supor que essa aspiração também é inerente ao sol, à lua e aos demais planetas, de tal maneira que por serem figuras redondas é que brilham, permanecem; não obstante, consumam suas circunvoluções de múltiplos modos] (Nicolau Copérnico, *Revol.*, livro 1, cap. 9. – Comparar com a *Exposition des découvertes de M. le Chevalier Newton par M. Maclaurin, traduit de l'Anglois par M. Lavirotte* [Exposição das descobertas do

O resenhista do texto de *Herschel* na *Edinburgh Review* de outubro de 1833 levanta grandes objeções a essa passagem – como inglês que é, só se preocupa se o relato mosaico não esteja em perigo[54] – e, ao notar, com razão, que aqui evidentemente não se está falando da vontade do deus onipotente, que chamou à existência a matéria, junto com todas as suas propriedades, quer que a própria proposição não valha de modo algum, negando também as consequências que se seguem no parágrafo anterior, pela qual *Herschel* pretendia fundamentá-la. Parece-me, no entanto, que dela se seguiria (pois a origem de um conceito determina seu conteúdo) que a própria premissa é falsa. Esta premissa é, a saber, a afirmação de que a origem do conceito de causalidade seria a experiência e, pior, a que nós fazemos ao atuar por um grande esforço próprio sobre os corpos do mundo exterior. Só onde, como na Inglaterra, ainda não raiou o dia da filosofia kantiana é que se pode pensar em uma origem na experiência do conceito da causalidade (desconsiderando os professores de filosofia que jogam ao vento a doutrina de Kant, me tomando como indigno de atenção); menos ainda, contudo, pode-se pensar assim

---

sr. Newton por M. Maclaurin, traduzida do inglês pelo sr. Lavirotte], Paris, 1749, p. 45).

Herschel evidentemente reconheceu que, se não quisermos explicar a gravidade mediante um choque exterior, como Descartes, devemos simplesmente supor uma vontade inerente aos corpos. *Non datur tertium* [não há um terceiro] (3. ed., acréscimo).

54. Que lhe é mais caro como tal do que toda lucidez e verdade no mundo (3. ed., acréscimo).

quando se diz conhecer a prova do caráter *a priori* de tal conceito, bastante distinta da kantiana, que consiste no fato de que o conhecimento da causalidade é condição necessariamente anterior à própria intuição do mundo exterior, na medida em que só se leva à cabo pela *passagem*, realizada pelo entendimento, da sensação no órgão do sentido até sua *causa* que se apresenta então, no espaço igualmente intuído *a priori*, como *objeto*. Uma vez, então, que a intuição dos objetos deve preceder nossa atuação consciente sobre eles, a experiência deles não pode ser a fonte do conceito de causalidade: pois, antes que eu atue sobre as coisas, elas precisam ter atuado sobre mim, como motivos. Já debati pormenorizadamente tudo o que pertence a esse assunto no segundo volume de minha obra principal (cap. 4, p. 38-42; 3. ed.: p. 41-46) e na segunda edição do meu *Tratado sobre o princípio de razão* (§ 21, p. 74; 3. ed. p. 79), onde a suposição adotada por *Herschel* também encontra sua refutação particular, não sendo preciso, portanto, entrar aqui de novo nesses assuntos. Mas dá para refutar tal suposição também do ponto de vista empírico, na medida em que uma de suas consequências seria que uma pessoa nascida sem perna e braço não poderia obter nenhuma notícia da causalidade e, com ela, nenhuma intuição do mundo exterior: entretanto, isso foi refutado factualmente pela natureza com um caso infeliz desses que já reproduzi, a partir de sua fonte, no capítulo acima mencionado de minha obra principal (p. 40; 3. ed.: p. 44). – Na sentença de Herschel de que estamos falando aqui ocorreria, portanto, de novo, o caso de que uma conclusão verdadeira se seguiu de premissas falsas: isso sempre acontece quando discernimos, por uma apercepção correta, uma verdade de modo imediato, mas falhamos na descoberta e esclarecimento dos fundamentos de seu conhecimento, ao não conseguirmos trazê-los à consciência clara. Pois em todo discernimento originário a convicção existe antes da prova: só depois ela é divisada.

Pela mobilidade integral de todas as suas partes, a matéria líquida faz saltar aos olhos a manifestação imediata da gravidade, mais do que a sólida é capaz. Por isso, para partilhar de tal apercepção que é a verdadeira fonte da sentença *herscheliana*, observe-se atentamente a queda violenta de uma correnteza sobre massas rochosas e pergunte-se se essa ânsia tão decidida, essa fúria, poderia ocorrer sem um grande esforço e se seria possível pensar esse grande esforço sem a vontade. E justamente em toda parte em que nos damos conta de que algo foi originalmente movimentado, de uma força primeira, imediata, somos obrigados a pensar sua essência interior como vontade. – Isso está tão certo que *Herschel*, tal como todos os outros cientistas empíricos das mais variadas disciplinas, foi levado, em sua investigação, ao limite em que a física tem apenas a metafísica além de si, o que lhe impôs a interrupção e justamente o fato de que ele, assim como todos os outros, também só foi capaz de ver, para além de tal limite, a *vontade*.

Aliás, *Herschel*, aqui, tal como a maioria dos cientistas empíricos, ainda está preso à opinião de que a vontade é inseparável da consciência. Como acima já me estendi o suficiente sobre esse erro e sobre como minha doutrina o corrige, não é necessário reentrar nisso.

Desde o início deste século, se quis atribuir até com frequência uma *vida* ao inorgânico: muito equivocadamente. Vivo e orgânico são conceitos sinônimos: além disso, o orgânico, com a morte, deixa de ser orgânico. Em toda a natureza, contudo, não há nenhum limite traçado de modo mais nítido do que o entre o orgânico e o inorgânico, ou seja, entre aquilo em que a forma é o essencial e permanente, sendo a matéria o acidental e cambiável, – e aquilo onde isso se comporta de modo diretamente oposto. O limite não oscila aqui, como talvez entre animal e vegetal, sólido e líquido, gás e vapor: ou seja, querer suspendê-lo significa fazer intencionalmente uma confusão com nossos conceitos. Em contrapartida, fui eu quem afirmou pela primeira vez que se deva atribuir uma *vontade* ao inanimado, ao inorgânico. Pois, comigo não é, como nas outras opiniões, que a vontade seja um acidente do conhecimento e, com isso, da vida; mas que a própria vida é aparição da vontade. O entendimento, em contrapartida, é efetivamente um acidente da vida e esta, da matéria. Mas a própria matéria é meramente a perceptibilidade das aparições da vontade. Por isso é que se deve reconhecer um *querer* em toda ânsia que emana da natureza de um ser material, autenticamente constituindo essa natureza, ou se manifestando pela aparição dessa natureza, não havendo, por isso, nenhuma matéria sem manifestação da vontade. A mais inferior manifestação da vontade é a gravidade: por isso foi chamada de uma força fundamental essencial à matéria.

A opinião ordinária sobre a natureza supõe haver *dois* princípios fundamentalmente distintos do movimento, ou seja, supõe que o movimento de um corpo pode ter *uma origem dupla*, que ou ele venha de dentro, ao que se o atribui à *vontade*, ou de fora, surgindo por *causas*. Essa opinião fundamental na maior parte das vezes subentende-se ser entendida por si mesma e apenas ocasionalmente é expressamente explicitada: mas eu quero, para uma certeza completa, comprovar a partir de algumas passagens em que ela ocorre em textos antigos e modernos. No *Fedro* (p. *319, edição Bipontini*), *Platão* já estabelecia a oposição entre o que se movimenta dentro (alma) e o que recebe o movimento apenas de fora (corpo) – το υφ' εαυτου κινουμενον και το, ῳ εξωθεν το κινεισθαι [o que se movimenta a partir de dentro, e o que apreende o movimento de fora]. No décimo livro das *Leis* (p. 85) reencontramos a mesma antítese[55]. – *Aristóteles* também estabelece, na *Física*, 7, 2, esse princípio fundamental: απαν το φερομενον η υφ' εαυτου κινειται, η υπ' αλλου (*quidquid fertur a se movetur, aut ab alio*) [todo objeto que se encontra em movimento o faz seja por si mesmo ou por um outro]. No livro seguinte, capítulos 4 e 5, volta à mesma oposição e a ata com amplas investigações, nas quais, justamente pela falsidade da oposição,

---

55. Depois dele, Cícero a repetiu nos dois últimos capítulos de *O sonho de Cipião* (3. ed., acréscimo).

acaba caindo em apuros[56]. E ainda, na modernidade, *J. J. Rousseau*, no famoso *Profession de foi du vicaire Savoyard* (ou seja, *Émile*, 4, p. 27, edição Bipontini), aborda, muito ingênuo e desimpedido, a mesma oposição: "*j'apperçois dans les corps deux sortes de mouvement, savoir: mouvement communiqué, et mouvement spontané ou volontaire: dans le premier la cause motrice est étrangère au corps mû; et dans le second elle est en lui-même*" [percebo dois tipos de movimentos nos corpos, a saber: movimento comunicado e movimento espontâneo ou voluntário; no primeiro, a causa motriz é estrangeira ao corpo movido; e no segundo, está nele mesmo]. Mas, até mesmo em nossos dias, e em seu estilo grandiloquente, inflado, pode-se ouvir *Burdach* (*Fisiologia*, vol. 4, p. 323): "O fundamento da determinação de um movimento reside seja no interior seja no exterior daquilo que se move. A matéria é uma essência exterior, tem forças de movimento, mas as põe em ação apenas em certas circunstâncias espaciais e oposições externas: apenas a alma é algo interno constantemente ativo, e apenas o corpo dotado de alma encontra em si, independentemente das circunstâncias mecânicas exteriores, ocasião para realizar movimentos e se movimentar arbitrariamente".

Eu, porém, devo aqui, então dizer, como Abelardo certa vez: "*si omnes patres sic, at ego non sic*"

---

56. Maclaurin, em seu *Account of Newtons discoveries* [Consideração das descobertas de Newton], p. 102, também expõe essa perspectiva fundamental como seu ponto de partida (3. ed., acréscimo).

[se todos os padres falam assim, eu falo que não é assim]: pois, em oposição a essa opinião fundamental, por mais antiga e universal que possa ser, minha doutrina chega até o ponto de dizer que *não* existe duas origens fundamentalmente distintas do movimento, que ele *não* emana nem de dentro, de onde se o atribui à vontade, nem de fora, de onde surgiria de causas: mas que ambos são inseparáveis e têm lugar simultaneamente em todo e qualquer movimento de um corpo. Pois o movimento que admitidamente surge da *vontade* sempre pressupõe uma *causa*: nos seres cognoscentes, ela é um motivo; sem ela, mesmo nesses seres o movimento também seria impossível. E, por outro lado, o movimento de um corpo que admitidamente é efetuado por uma *causa* externa é em si, pois, manifestação de sua *vontade*, que apenas foi suscitada pela causa. Há, assim, apenas um único princípio, uniforme, geral e sem exceção, de todo movimento: sua condição interna é a *vontade*, sua ocasião externa é a *causa* que, segundo o tipo do movimento, pode aparecer também na figura do estímulo ou do motivo.

Tudo aquilo que é conhecido nas coisas apenas empiricamente, *a posteriori*, é em si *vontade*: em contrapartida, na medida em que as coisas são determináveis *a priori*, pertencem somente à *representação*, à mera aparição. Por isso, se compreende menos as aparições da natureza quanto mais a vontade nelas se manifesta claramente, ou seja, quanto mais elas estão elevadas na escala dos seres: em contrapartida, se as compreende mais, quanto menos seu conteúdo for empírico, pois permanecem mais no âmbito da mera *representação*, cujas formas, que nos são conhecidas *a priori*, são o princípio da compreensibilidade. Por isso que só se tem uma compreensibilidade completa, geral, enquanto se mantiver inteiramente nesse âmbito, com o que se tem diante de si a mera representação, sem conteúdo empírico, a mera forma, ou seja, nas ciências *a priori*, na aritmética, na geometria, na foronomia e na lógica: aqui, tudo é apreensível no mais alto grau, os discernimentos são completamente claros e suficientes, não deixando nada a desejar: na medida em que nos é até mesmo impossível pensar que alguma coisa pudesse se portar de outra maneira, tudo isso provêm, portanto, de que temos que ver aqui unicamente com as formas de nosso próprio intelecto. Assim, quanto mais uma relação for compreensível, mais se mantém na mera aparência, não se referindo à essência em si mesma. A matemática aplicada, ou seja, a mecânica, a hidráulica etc. trata dos níveis mais baixos da objetivação da vontade, onde a maior parte ainda está no âmbito da mera representação, tendo, contudo, já um elemento empírico no qual se turvam toda a compreensibilidade e transparência e com o qual surge o inexplicável. Apenas algumas partes da física e da química toleram, pelo mesmo motivo, ainda um tratamento matemático: e deixa de existir conforme se sobe na escala dos seres, justamente porque o conteúdo da aparição prevalece sobre a forma. Esse conteúdo é a vontade, o *a posteriori*, a coisa em si, o que é livre, o que não tem fundamento. No capítulo sobre a fisiologia vegetal, mostrei como, nos seres vivos e cognoscentes, o motivo e o ato da vontade, a representação e o querer se distinguem e se separam de modo cada vez mais claro quanto mais se subir na escala dos seres. Do mesmo modo, também no reino natural inorgânico a causa se separa cada vez mais então, segundo a mesma medida, do efeito, e, na mesma medida o puramente empírico, que é justamente a aparição da vontade, se destaca de modo cada vez mais claro, mas justamente com isso, se reduz a compreensibilidade. Isso merece uma discussão detalhada, para a qual peço toda atenção ao meu leitor: uma vez que ela é particularmente própria a lançar a mais clara luz nos pensamentos fundamentais de minha doutrina, seja para sua compreensibilidade, seja para suas evidências. Não mais do que nisso, contudo, consiste tudo o que eu posso fazer: está fora do meu poder fazer com que, em contrapartida, a meus contemporâneos pensamentos sejam mais bem-vindos do que verborreia, mas posso apenas me consolar por não ser um homem de meu tempo.

No nível mais inferior da natureza, causa e efeito são inteiramente homogêneos e uniformes; por isso que aqui compreendemos perfeitamente a concatenação causal: por exemplo, a causa do movimento de uma bola que sofreu um choque é o de uma outra, que perde precisamente a mesma quantidade de movimento quanto a primeira recebe. Aqui, temos a mais alta compreensibilidade possível da causalidade. O que ainda existe de misterioso nisso limita-se à capacidade de passagem do movimento – algo incorpóreo – de um movimento a outro. A receptividade desse tipo de corpos é tão baixa que o efeito a ser gerado deve passar completamente a partir da causa. A mesma coisa vale para todos os efeitos puramente mecânicos, e se não os compreendemos todos instantaneamente dessa maneira, isso reside meramente por as condições secundárias os ocultarem ou por nos confundir a conexão complicada por muitas causas e efeitos: em si, a causalidade mecânica é igualmente apreensível em toda parte, ou seja, no mais alto grau, pois aqui causa e efeito não se diferenciam *qualitativamente*, e, onde são *qualitativos*, como na alavanca, a coisa pode ser esclarecida a partir de relações meramente espaciais e temporais. Mas assim que entram os pesos, junta-se um segundo elemento misterioso, a gravidade: se entrarem corpos elásticos, aí também a elasticidade. – Bem diferente é quando nos elevamos um pouco na escala das aparições. O aquecimento como causa, e a expansão, liquefação, volatilização ou cristalização, como efeitos, não são homogêneos: por isso, seu nexo causal não é compreensível. A compreensibilidade da causalidade diminuiu, o que fica líquido com menos calor, com mais, se volatiza; o que se cristaliza com menos calor, com mais calor, derrete. Calor amolece a cera e endurece a argila; a luz embranquece a cera e escurece o cloreto de prata. Quando dois sais se decompõem mutuamente, formam-se dois novos; de modo que sua afinidade eletiva nos é um profundo mistério, e as propriedades dos dois corpos novos não são a união das propriedades de suas partes separadas. Entretanto, podemos acompanhar e comprovar ainda a composição de onde surgiram os novos corpos, podemos também separar novamente o que tinha sido conectado, produzindo, nesse processo, o mesmo *quantum*. Ou seja, aparecem aqui heterogeneidade e incomensurabilidade marcantes entre causa e efeito: a causalidade se tornou mais misteriosa. Ambas ainda são o caso se compararmos os efeitos da eletricidade ou da coluna voltaica com suas causas, com a fricção do vidro ou com a estratificação e oxidação das placas. Desaparece já, aqui, toda semelhança entre causa e efeito: a causalidade se oculta com véu espesso, e homens como Davy, Ampère e Faraday empregaram grandes esforços para ventilá-lo de certa maneira. Apenas as *leis* do modo de produzir efeitos puderam até agora serem discernidas e em um esquema como +E e –E, comunicação, distribuição, choque, combustão, decomposição, carga, isolamento, descarga, corrente elétrica, entre outros, aos quais atribuímos os efeitos e os quais podemos conduzir de modo arbitrário: mas o próprio processo permanece algo desconhecido, um x. Aqui, portanto, causa e efeito são bastante heterogêneas, sua conexão incompreensível e os corpos mostram grande receptividade para uma influência causal cuja essência permanece a nós um mistério. Também nos parece que à medida em que ascendemos na escala, esse mistério fica mais no efeito e menos na causa. Isso tudo, portanto, ainda é o caso quando nos ascendemos até o reino orgânico, onde o fenômeno da vida se anuncia. Se, como é comum na China, se preenche um buraco com madeira apodrecida, cobrindo-o com folhas da mesma árvore e regando-o repetidamente com uma solução de salitre, surgirá uma vegetação rica de cogumelos comestíveis. Um pouco de feno regado com água oferece um mundo de infusórios que se movem rapidamente. Quão heterogêneos são aqui efeito e causa, e quanto mais o mistério parece estar naquele do que nesta! Entre sementes antigas, às vezes centenárias, até milenares, e a árvore, entre o solo e a seiva específica, tão variada, de inumeráveis vegetais, benéficos, venenosos, nutritivos, que porta *um* solo, que *um* raio de sol ilumina, que *uma* chuva encharca, não há mais nenhuma semelhança e, portanto, nenhuma compreensibilidade para nós. Pois a causalidade surge aqui já em uma potência mais elevada, a saber, como estímulo e receptividade para tal. Apenas o esquema de causa e efeito nos restou: reconhecemos isto como causa, aquilo como efeito, mas não sabemos absolutamente nada do tipo e do modo da causalidade. E não há mais apenas nenhuma semelhança qualitativa entre a causa e o efeito, como também nenhuma relação qualitativa: cada vez mais o efeito parece mais observável do que a causa; o efeito do estímulo também não cresce conforme seu aumento, mas em geral é o contrário. Se entrarmos, porém, no reino dos seres *cognoscentes*, então não há qualquer semelhança nem relação entre a ação e o objeto que, na condição de representação, o provoca. Entretanto, no animal limitado às representações *intuitivas*, a *presença* do objeto que opera como motivo ainda é necessária; e esse objeto opera em seguida instantânea e inevitavelmente (exceptuando com o adestramento, ou seja, o hábito forçado pelo medo): pois o animal não é capaz de levar consigo nenhum conceito que o torne independente da impressão do momento presente, o que lhe daria a possibilidade de reflexão e o capacitaria a agir de maneira premeditada. Só o humano é capaz disso. Finalmente, portanto, o motivo nos seres racionais não é nem mesmo mais algo presente, algo intuído, algo existente, algo real, mas um mero conceito que tem sua existência presente apenas no cérebro do agente, mas deduzida de muitas intuições variadas, da experiência de anos passados ou também transmitida por palavras. A separação entre causa e efeito se tornou tão enorme, e o efeito cresceu tanto em relação à causa, que parece agora a um entendimento bruto não haver mais causa alguma, que o ato da vontade não depende de mais nada, que ele seria sem fundamento, ou seja, livre. Justamente por isso que os movimentos de nosso corpo se apresentam como se ocorressem sem causa, ou seja, como um autêntico milagre, se o intuímos refletindo de fora. Só a experiência e a meditação nos ensinam que esses movimentos, como todos os outros, só são possíveis com uma causa, aqui chamada de motivo e que, naquela escala dos seres, a causa ficou para trás do efeito apenas na realidade material, porém manteve o mesmo passo em realidade dinâmica, em energia. – Ou seja, nesse nível, o supremo na natureza, a compreensibilidade da causalidade nos abandonou mais do que em qualquer outra parte. Apenas o mero esquema, tomado de maneira bastante geral, restou ainda, e necessita da reflexão mais madura para se reconhecer aqui também a aplicabilidade e a necessidade de tal esquema em toda parte.

Então, porém – tal como, seguindo pela gruta de Posilipo, se vê cada vez mais no escuro, até ultrapassar seu centro, quando a luz do dia começa a iluminar pela outra entrada do caminho, aqui também –, onde a luz do entendimento, projetada para fora, com sua forma da causalidade, após ser tomada cada vez mais de escuridão, difundia por fim apenas um brilho fraco e incerto; justamente aí lhe vem ao encontro um esclarecimento de um tipo completamente diferente, de uma parte completamente outra, desde nosso próprio interior, pela circunstância fortuita de que nós, os que julgam, somos justamente aqui aquilo que foi tornado o próprio objeto a ser julgado. Para a intuição exterior e o entendimento ativo nela, a dificuldade crescente do entendimento da conexão causal, tão clara no início, cresceu gradualmente tanto que quase se tornou duvidosa, por fim, nas ações dos animais e pode até mesmo ser vista como uma espécie de maravilha: justamente agora, contudo, vindo de uma parte completamente diferente, do si próprio do observador, o ensinamento de que em tais ações o agente é a vontade, a vontade, que lhe é mais conhecida e familiar do que tudo o que a intuição exterior jamais poderá lhe fornecer. Esse conhecimento sozinho deve se tornar para o filósofo a chave para o acesso no interior de todos aqueles processos da natureza não cognoscente, nas quais a explicação causal até era mais suficiente do que na que foi considerada depois, e tão mais clara quanto mais distante destes estivesse, mas ali também sempre ficava para trás um x desconhecido, sendo sempre impossível de iluminar completamente o interior do processo, nem mesmo o dos corpos movidos pelo choque, ou atraídos pela gravidade. Esse x foi aumentando cada vez mais até, no nível supremo, repelir completamente a explicação causal, mas então, quando já não dava para tirar mais nada desta, se desvelou como *vontade* – tal como Mefistófeles ao aparecer, em consequência das investidas do sábio, do cão tornado colossal de que era seu núcleo. Como consequência da consideração aqui levada a cabo, é indispensável reconhecer *a identidade desse x* desde os níveis mais inferiores, onde aparece de maneira mais fraca, depois nos mais elevados, onde sua escuridão se difundia cada vez mais, até no supremo, onde pôs tudo em sombra, e, finalmente, até o ponto em que, em nossa própria aparição, se anunciou à autoconsciência como vontade. As duas fontes originalmente distintas de nosso entendimento, o exterior e o interior, devem ser postas em conexão nesse ponto pela reflexão. O entendimento da natureza e de si próprio surge somente dessa conexão: então, contudo, o interior da natureza se abre ao nosso intelecto, que somente por si jamais acessa mais do que seu exterior, se revelando o mistério investigado por tanto tempo pela filosofia. Então, fica claro, a saber, o que o real e o que o ideal (a coisa em si e a aparição) autenticamente são, pelo que se resolve a principal questão em torno da qual gira a filosofia desde Descartes, a questão pela relação entre ambos, cuja diversidade total Kant apresentara de modo mais minucioso, com profundidade incomparável, e sua identidade absoluta logo depois foi afirmada por cabeças de vento, creditando-a à intuição intelectual. Se, em contrapartida, se despoja dessa perspiciência, efetivamente o portal único e estreito à verdade, então nunca se chegará ao entendimento da essência interior da natureza, já que não há nenhum outro caminho que leve a ele, ao contrário, cai-se vítima de um engano posteriormente insolúvel. A saber, como dito acima, se manteriam dois princípios originários e fundamentalmente distintos do movimento, havendo entre eles uma divisória rígida: o movimento por causas e o pela vontade. O primeiro permaneceria então, segundo seu interior, para sempre incompreensível, pois todas as suas explicações abandonam aquele x insolúvel que abarca tanto mais quanto mais elevado estiver o objeto da consideração: – e o segundo, o movimento pela vontade, fica ali como completamente despojado do princípio da causalidade, como sem fundamento, como liberdade das ações individuais, ou seja, como completamente oposto à natureza e absolutamente inexplicável. Se consumamos, em contrapartida, a união postulada acima entre o conhecimento externo e o interno ali onde eles se tocam, então reconhecemos, apesar de todas as diferenças acidentais, duas identidades, a saber, a da causalidade consigo mesma em todos os níveis, e a do x anteriormente desconhecido (ou seja, das forças da natureza e das aparições vitais), com a vontade em nós. Reconhecemos, digo, primeiramente a essência idêntica da causalidade nas diferentes figuras que devem pressupor os diferentes níveis, e, então, devem também se mostrar seja como causa mecânica, química ou física, seja como estímulo, seja como motivo intuitivo ou como motivo abstrato, pensado: reconhecemos isso como uma e mesma coisa, tanto ali onde os corpos que se chocaram perdem tanto movimento quanto comunicam, como ali onde pensamentos lutam com pensamentos e o vitorioso, como o mais forte dos motivos, põe o humano em movimento, movimento este, então, que não resulta com necessidade menor do que o da bola que sofreu um choque. Em vez de sermos cegados e confundidos por essa luz interior ali onde nós mesmos somos o que foi movimentado, sendo-nos intima e completamente, portanto, conhecido o interior desse processo, e, com isso, nos alienar do restante do nexo causal disponível para nós em toda natureza e nos vedar o acesso a essa compreensão em nós para sempre, levamos o novo conhecimento, obtido do interior, até o exterior, na condição de sua chave, e reconhecemos a segunda identidade, a identidade de nossa vontade com aquele x até então desconhecido para nós que remanesce em toda explicação causal. Consequentemente, dizemos em seguida: também ali onde a causa mais palpável gera o efeito, aquele algo misterioso que ainda existe ali, aquele x, ou o autêntico Interior do processo, o verdadeiro agente, o em-si dessa aparição – que nos é dado no fim apenas como representação e segundo as formas e leis da representação – é essencialmente o mesmo daquilo que, nas ações de nosso corpo, justamente é dado a nós como intuição e representação, sendo-nos íntima e imediatamente conhecido como *vontade*. – Isso é (gesticulem quanto quiserem!) o fundamento da verdadeira filosofia: e se este século não reconhece isso, os muitos por vir irão. "*Tempo é galantuomo! (se nessun'altro)*" [o tempo é cavaleiro (ainda que ninguém mais)] – Tal como, portanto, reconhecemos, por um lado, essência da causalidade, que tem sua maior clareza apenas nos níveis mais inferiores da objetivação da vontade (ou seja, na natureza), em todos os níveis, também no supremo, reconhecemos também, por outro lado, a essência da vontade em todos os níveis, inclusive o mais inferior, mesmo que obtenhamos esse conhecimento imediatamente apenas no nível supremo. O antigo equívoco diz: onde há vontade, não há mais causalidade, e onde há causalidade, não há vontade. Nós, porém, dizemos: onde quer que haja causalidade, há vontade; e nenhuma vontade age sem causalidade. O *punctum controversiae* [ponto de controvérsia] é, portanto, se vontade e causalidade podem e devem existir juntas e concomitantemente em um e mesmo processo. O que dificulta o entendimento de que, com efeito, seja assim, é a circunstância de que causalidade e vontade são conhecidas de duas maneiras fundamentalmente distintas: causalidade inteiramente pelo exterior, de maneira inteiramente mediada, inteiramente pelo entendimento; e a vontade inteiramente pelo interior, de maneira inteiramente imediata; e a de que, portanto, quanto mais claro em cada caso dado for o conhecimento de uma, mais obscura será o da outra. Por isso, onde a causalidade é mais apreensível do que em qualquer outro lugar, é onde conhecemos menos a essência da vontade; e onde a vontade inegavelmente se anuncia, a causalidade se obscurece de tal maneira que o entendimento bruto pode se atrever a eliminá-la pela negação. – Mas, então, a causalidade é, como fomos ensinados por Kant, nada mais do que a própria forma do entendimento conhecível *a priori*, ou seja, a essência da *representação* enquanto tal, um dos lados do mundo: o outro é *vontade*, a coisa em si. Essa relação inversa entre o esclarecimento da causalidade e o da vontade, esse avanço e recuo recíproco entre ambos, reside, portanto, em que quanto mais uma coisa nos é dada meramente como aparição, ou seja, como representação, mais clara se mostra a forma apriorística da representação, ou seja, a causalidade, como na natureza inanimada – inversamente, contudo, quanto mais imediata a vontade nos for conhecida, mais se retrai a forma da representação, a causalidade, como em nós mesmos. Portanto, quanto mais nos aproximarmos de um dos lados do mundo, mais perdemos o outro de vista.

Linguística

Sob esse título devo comunicar apenas uma observação que fiz nos últimos tempos que até agora parece ter passado desapercebida. Que, no entanto, mereça atenção, atesta a frase de *Sêneca*: "*Mira in quibusdam rebus verborum proprietas est, et consuetudo sermonis antiqui quaedam efficacissimis notis signat*" [para certas coisas, o vocabulário é de uma exatidão incrível, e, para certas coisas, o uso antigo da linguagem tem a expressão mais eloquente e significativa] (*Epístolas*, 81). E *Lichtenberg* diz: "ao se pensar bastante, se encontra muita sabedoria assentada na linguagem. Não parece nada verdadeiro que a gente tenha inserido tudo sozinhos, mas há de fato muita sabedoria nela".

Em muitas, talvez em todas as linguagens se expressa também a atuação dos corpos desprovidos de conhecimento, inanimados, pelo querer, atribuindo-lhes de antemão, portanto, uma vontade; em contrapartida, nunca um conhecer, representar, perceber ou pensar: nenhuma expressão que contenha algo assim me é conhecida.

Assim diz Sêneca (*Quaestiones naturales* [*Investigações acerca da natureza*] 2, 24) sobre o fogo do raio lançado do alto: "*in his, ignibus accidit, quod arboribus: quarum cacumina, si tenera sunt, ita deorsum trahi possunt, ut etiam terram attingant;*

sed quum permiseris, in locum suum exsilient. Itaque non est quod eum spectes cujusque rei habitum, qui illi non ex voluntate est. Si ignem permittis ire quo velit, coelum repetet" [aqui ocorre com o fogo o mesmo que com as árvores, cujas copas, flexíveis, podem ser puxadas para baixo até tocarem na terra; mas se as soltar, voltam ao seu lugar. Não é adequado, portanto, estar atento à posição de uma coisa que não está de acordo com a sua *vontade*. Se permitr ao fogo que vá para onde quiser, ele subirá ao céu]. Com sentido mais geral, *Plínio* diz: *"nec quaerenda ni ulla parte naturae ratio, sed voluntas"* [também não se deve buscar a razão em qualquer parte da natureza, mas vontade] (*Historia naturalis* [História natural], 37, 15). O grego antigo não nos oferece menos comprovações: *Aristóteles*, ao explicar a gravidade, diz (*De caelo* [Do ceu], 2, cap. 13): μικρον μεν μογιον της γης, εαν μετεωγισθεν απεθη, φεγεται, και μενειν ουκ εθελει (*parva quaedam terrae pars, si elevata dimittitur, fertur, neque* vult *manere*) [Como um pequeno pedaço de terra, quando o atiramos para o ar, ele cai por não *querer* ficar suspenso]. E no capítulo seguinte: Δει δε έκαστον λεγειν τοιουτον ειναι, ὁ φυσει βουλεται ειναι, και ὁ ὑπαρχει, αλλα μη ὁ βια και παρα πυσιν (*unumquodque autem tale dicere oportet, quale natura sua esse* vult, *et quod est; sed non id quod violentia et praeter naturam est*) [Mas é preciso descrever cada indivíduo como ele quer ser segundo sua natureza e como ele é de facto, e não como ele é por força e contra a sua natureza]. Muito significativo e já mais do que meramente linguístico é o que diz Aristóteles na *Ética magna* (1, cap. 14), onde trata expressamente tanto de seres inanimados (o fogo, anseia subir, e a terra, que anseia descer), como de animais, que poderiam ser forçados a fazer algo contra sua natureza ou sua vontade: παρα φυσιν τι, η παρ' ά βουλονται ποιειν [fazer contra sua natureza ou contra sua vontade] – ou seja, pondo muito corretamente παρ'ά βουλονται como paráfrase de παρα φυσιν τι. – *Anacreonte*, na vigésima nona ode, εις Βαθυλλον [a imagem de Bátilo], ao retratar seu amado, diz dos seus cabelos: Ἕλικας δ' ελευθέγους μοι πλοκάμων, ἄτακτα συνθεὶς, ἄφες, ὡς θέλωσι, κεῖσθαι (*Capillorum cirros incomposite iungens, sine, utut volunt, iacere*) [Dai-lhe mechas cacheadas, livres, e deixai que fiquem em desordem como querem[57]]. Em alemão, diz *Bürger*: "hinab *will* der Bach, nicht hinan" [o riacho *quer* descer, subir não]. Dizemos na vida comum diariamente também o seguinte: "a água está fervendo, quer extravasar", "o pote quer rebentar", "A escada não quer parar em pé", "le feu ne veut pas brûler" [o fogo não quer queimar], "la corde, une fois tordue, veut toujours se retordre" [uma vez torcida, a corda quer sempre se destorcer]. – Em inglês, o verbo querer até se tornou o auxiliar do futuro de todos os outros verbos, expressando que no fundo de toda e qualquer ação reside um querer. Aliás, a ânsia das coisas inanimadas e desprovidas de conhecimento é ainda expressamente designado

---

57. Utilizo aqui tradução de Carlos Leonardo B. Antunes. Em: As *Anacreônticas* e a imagem de Anacreonte na Antiguidade, *Let. Cláss.*, São Paulo, vol. 17, n.1, 2013, p. 129 [N.T.].

com "to want", palavra que é a expressão de todo e qualquer anelo e anseio humano: "the water wants to get out" [a água quer sair], "the steam wants to make itself way through" [o vapor quer dar um jeito de sair] etc. Igualmente em italiano: "vuol piovere" [está querendo chover], "quest'orologio non vuol andare" [esse relógio não quer andar]. – Além disso, o conceito de querer está entranhado tão profundamente nessa língua que é utilizado para designar todo e qualquer requerimento e necessidade: "vi vuol un contrapeso" [se quer um contrapeso] "vi vuol pazienza" [se quer paciência].

Até mesmo no chinês, distinto desde seu fundamento de todas as linguagens do tronco do sânscrito, encontramos um exemplo bem expressivo que cabe muito bem aqui: a saber, no comentário ao *I-Ching* se diz, na tradução precisa do Padre Regis: "*Yang, seu materia coelestis, vult rursus ingredi, vel (ut verbis doctoris Tsching-tse utar) vult rursus esse in superiore loco; scilicet illius naturae ratio ita fert, seu innata lex* [O yang, a matéria celestial, quer retornar para lá, ou (para usar as palavras do mestre Ching-tse) quer reocupar a posição superior, porque esse é o modo de sua natureza ou uma lei que lhe é inerente] (*I-Ching*, Ed. Julius Mohl, vol. 1, p. 341).

Decididamente mais do que linguístico, expressão, a saber, do decurso sentido e compreendido intimamente em processos químicos, é quando *Liebig* diz, em seu *Chemie in ihrer Anwendung auf Agrikultur* [A química em sua aplicação à agricultura] (p. 394): "forma-se o aldeído, que, com o mesmo anelo que o ácido sulfúrico, se conecta diretamente com o oxigênio para formar o ácido acético" – E outra vez em sua *Chemie in Anwendung auf Physiologie* [A química aplicada à fisiologia]: "o aldeído, que extrai oxigênio do ar com *grande anelo*". Não é fortuito que utilize duas vezes da mesma expressão para falar do mesmo fenômeno, mas por apenas essa expressão corresponder à coisa[58].

A linguagem, portanto, essa expressão mais imediata de nossos pensamentos, dá sinais de que somos compelidos a pensar todo e qualquer impulso interior como um querer; mas de modo

---

58. Os químicos franceses também dizem, por exemplo: "*Il est évident que les métaux ne sont pas tous également avides d'oxygène* [...] *la difficulté de la réduction devait correspondre nécessairement à une avidité fort grande du métal pur pour l'oxygène*" [é evidente que os metais não são todos igualmente ávidos por oxigênio (...) a dificuldade de redução deveria corresponder necessariamente a uma avidez muito grande do metal puro pelo oxigênio] (Paul de Rémusat: "*La chimie à l'exposition, l'aluminium*" [A química em exposição – o alumínio] na *Revue des deux mondes* [Revista dos dois mundos], 1855, p. 649).

Vanini (*de admirandis naturae arcanis* [dos mistérios admiráveis] pag. 170) já dizia: "*Argentum vivum etiam in aqua conglobatur, quemadmodum et in plumbi scobe etiam: at a scobe non refugit* (isso contra uma opinião de Cardano por ele citada), *imo ex ea, quantum potest, colligit: quod nequit (scil. colligere), ut censeo, invitum relinquit: natura enim et sua appetit et vorat*" [O mercúrio também assume uma forma esférica na água, tal como acontece com o pó de chumbo, porém não se mantém livre do pó fino, mas absorve tanto dele quanto pode; e o que não consegue (absorver) deixa para trás, acredito, contra a sua vontade, pois a natureza cobiça o que lhe pertence e o devora]. Isso é evidentemente mais do que linguístico: ele atribui decididamente uma vontade ao mercúrio. E assim se encontrará em toda parte que, quando, na física e na química, se volta às forças fundamentais e às primeiras propriedades dos corpos que não são mais derivadas de outras, estas são designadas por expressões que pertencem à vontade e às suas manifestações (3. ed., acréscimo).

algum a atribuir também conhecimento às coisas. A concordância, talvez sem exceção, das línguas nesse ponto atesta que não se trata de um mero tropo, mas que um sentimento profundamente enraizado da essência das coisas determina aqui essas expressões.

Magnetismo animal e magia

Quando, em 1818, surgiu minha obra principal, o magnetismo animal conquistara somente há pouco sua existência. Quanto à sua explicação, contudo, é verdade que havia sido lançada alguma luz à parte passiva, ou seja, ao que se passa com o paciente, na medida em que fora tornada em princípio da explicação a oposição enfatizada por *Reil* entre o sistema cerebral e o ganglionar; em contrapartida, está ainda em completa escuridão a parte ativa, o autêntico agente em virtude do qual o magnetizador causa esses fenômenos. Tateava-se ainda entre toda sorte de princípios de explicação material, como o éter cósmico de Mesmer, que a tudo penetra, ou a transpiração da pele do magnetizador tomada como *causa* por Stieglitz, entre outras. No melhor dos casos, foi elevado a um espírito dos nervos, o que, porém, é apenas uma expressão para uma coisa desconhecida. Mal tinham podido começar a iluminar a verdade alguns, iniciados de maneira mais profunda pela prática. Eu, contudo, ainda estava longe de esperar uma confirmação direta de minha doutrina pelo magnetismo.

Mas *dies diem docet* [um dia ensina ao outro], e desde então a experiência, grande mestra, trouxe à luz do dia o fato de que aquele agente – que intervém de maneira profunda e que, partindo do magnetizador, provoca efeitos que parecem tão contrários ao curso regular da natureza que se pode desculpar completamente a larga dúvida que se teve sobre esses efeitos, a descrença contumaz, a condenação por uma comissão composta, entre outros membros, por Franklin e Lavoisier, em suma, tudo o que, tanto no primeiro, como no segundo período se opôs a isso (com exceção apenas da condenação estúpida e tosca, feita sem qualquer investigação, que reinou na Inglaterra até há pouco) – o fato de que, estava dizendo, aquele agente não é outra coisa do que a *vontade* do magnetizante. Não acho que, hoje em dia, reste ainda qualquer dúvida sobre isso entre aqueles que conectam a prática ao discernimento, e considero superficial, portanto, citar as numerosas declarações de magnetizadores que reforçam isso[59]. Assim, pois, com o tempo, não apenas foi comprovado o lema de *Puységur* e de outros magnetizadores franceses mais antigos "*Veuillez et croyez!*" [Querei e crede!], ou seja, "querei com confiança!", mas se desenvolveu até um discernimento correto, capaz de acessar o próprio processo[60].

---

59. Quero mencionar somente *um* texto muito recente com a expressa intenção de expor que a vontade do magnetizador é o que autenticamente está em atuação: *Qu'est-ce que le magnétisme?* [O que é o magnetismo?]. E. Gromier, Lyon, 1850 (3. ed., acréscimo).

60. Mas o próprio Puysegur, em 1784, já disse: "*Lorsque vous avez magnétisé le malade, votre but était de l'endormir, et vous y avez réussi par le seul acte de votre volonté; c'est de même par un autre acte de volonté que vous le réveillez*" [quando se magnetizou

Do *Tellurismo* de *Kieser*, ainda o manual mais minucioso e detalhado do magnetismo animal, infere-se de maneira suficiente que nenhum ato magnético é efetivo sem a vontade, em contrapartida a mera vontade sem atos externos pode gerar todos e quaisquer efeitos magnéticos. A manipulação parece ser apenas um meio de fixar e, por assim dizer, corporificar o ato da vontade e sua direção. Kieser diz, nesse sentido (*Tellurismo*, vol. I, p. 379): "Na medida em que os órgãos efetivos na magnetização são as mãos humanas, na condição daquele órgão que expressa a atividade agente [*handelnde*] humana" (ou seja, a vontade) "com maior claridade, surge a manipulação [*Manipulation*] magnética". *De Lausanne*, um magnetizador francês, se expressa de maneira ainda mais precisa nos *Annales du magnétisme animal* [Anais do magnetismo animal], 1814-1916, livro 4, ao dizer: "*L'action du magnétisme dépend de la seule volonté, il est vrai; mais l'homme ayant* une forme extérieure et sensible, *tout ce qui est à son usage, tout ce qui doit agir sur lui, doit nécessairement en avoir une, et pour que la volonté agisse, il faut qu'elle emploie un mode d'action*" [a ação do magnetismo depende somente da vontade, de fato; mas tendo o ser humano uma forma exterior e sensível, tudo aquilo que se oferece ao seu uso, tudo aquilo que deve agir sobre ele, deve necessariamente ter uma [forma também], e,

---

o enfermo, o propósito era adormecê-lo, e isso foi logrado somente por um ato de vontade; e, igualmente, é por um outro ato de vontade que se o desperta] (Puységur: *Magnétisme animal* [Magnetismo animal], 2. ed., 1820, "Catéchisme magnétique" [Catecismo magnético], p. 150-171) (3. ed., acréscimo).

para que a vontade aja, necessita que essa forma empregue um modo de ação]. Dado que em minha doutrina o organismo é a mera aparição, visibilidade, objetividade da vontade, autenticamente apenas a própria vontade intuída no cérebro como representação, o ato exterior da manipulação, então, também coincide com o ato interior da vontade. Onde, porém, a magnetização se efetive sem nenhum ato das mãos, ela ocorre de maneira até certo ponto artificial, por um desvio, na medida em que a fantasia substitui o ato externo, às vezes até mesmo a presença da pessoa: o que é, por isso, até mesmo muito mais difícil e raro. Consequentemente, Kieser alega que proferir as palavras "dorme!" ou "deves!" tem um efeito mais forte sobre o sonâmbulo do que o mero querer interno do magnetizador. – Em contrapartida, a manipulação e o ato externo em geral são autenticamente um meio infalível de fixação e atividade da vontade do magnetizador, justamente porque os atos externos são completamente impossíveis sem uma vontade se quer, uma vez que o corpo e seus órgãos nada mais são do que a visibilidade da própria vontade. Disso se explica que o magnetizador magnetiza às vezes sem um esforço consciente de sua vontade e quase sem pensar, e mesmo assim a magnetização tem efeito. Em geral, não se trata da consciência do querer, da reflexão sobre tal querer, mas do próprio querer puro que, separado, tanto quanto possível, de toda representação, age magneticamente. Por isso que encontramos, nas instruções para o magnetizador dadas por Kieser (*Telurismo*, vol. I, p. 400ss.), expressamente proibidos todo e qualquer pensamento e reflexão tanto do médico quanto do paciente, sobre as ações e paixões recíprocas, toda e qualquer impressão externa que estimule representações, todo e qualquer tipo de conversa entre ambos, toda e qualquer presença estranha, até a luz do dia etc. e recomendado que tudo se passe, tanto quanto possível, inconscientemente, do mesmo modo como nos tratamentos por simpatias. O verdadeiro motivo de tudo isso é que aqui a vontade é efetiva em sua originalidade, como coisa em si, o que exige que a representação seja excluída o máximo possível, na condição de um âmbito distinto daquela, na condição de um secundário. Comprovação factual da verdade de que é a vontade o que autenticamente se efetiva na magnetização, sendo todo ato externo apenas seu veículo, se encontra em todos os textos novos e melhores sobre o magnetismo, e seria de uma desnecessária redundância repeti-los aqui: no entanto, quero trazer *um* deles aqui, não por ser especialmente marcante, mas por proceder de homem extraordinário e ter, como seu testemunho, um interesse peculiar: Jean Paul é quem diz, em uma carta (impressa em *Wahrheit aus Jean Pauls Leben* [A verdade da vida de Jean Paul], vol. 8, p. 120): "eu quase fiz, sem que ninguém percebesse, uma Senhora de K. dormir duas vezes em meio a muita gente apenas fulminando-a com um olhar de *firme vontade*, ela chegou a ter palpitações e a empalidecer antes que S. precisasse ajudá-la". Hoje em dia também se substitui com grande sucesso a manipulação habitual frequentemente por um tomar e segurar as mãos do paciente, olhando-o fixamente; justamente porque esse ato exterior da vontade é apropriado para fixar a vontade em determinada direção. Esse poder imediato que a vontade pode exercer sobre os outros é posto à luz do dia, contudo, mais do que pode qualquer outro, pelos experimentos maravilhosos do senhor *Dupotet* e seus alunos realizados, muitos até publicamente, em Paris, nos quais, com sua mera vontade, amparada em alguma gesticulação, dirige e determina a pessoa estranha ao bel-prazer, coagindo-a até mesmo a realizar as mais inauditas contorções. Um breve relato disso é partilhado por um textinho escrito aparentemente de maneira completamente honesta: o *Erster Blick in die Wunderwelt des Magnetismus* [Primeiro olhar no mundo maravilhoso do magnetismo] de Karl Scholl, de 1853[61].

---

61. Em 1854 tive a sorte de ver aqui as performances extraordinárias desse tipo do senhor *Regazzoni* de Bergamo, em que o poder imediato, ou seja, mágico, de sua vontade sobre as outras era inconfundível, e não se podia duvidar de sua autenticidade, a não ser aqueles a quem a natureza recusou por completo toda e qualquer capacidade para a apreensão dos estados patológicos: há desses sujeitos, no entanto: é preciso fazê-los juristas, curas, comerciantes ou soldados; só não, pelo céu, médicos: pois a consequência seria mortal, já que na medicina o principal é o diagnóstico. – Ele conseguia, arbitrariamente, pôr sua sonâmbula, conectada com ele, em catalepsia, e com sua mera vontade, sem gestos, quando ela andava e ele se colocava atrás dele, ela caia ao chão de costas. Ele conseguia paralisá-la, em catalepsia, as pupilas dilatadas e completa insensibilidade, e os sinais inconfundíveis de um estado completamente cataléptico. Ele pediu a uma senhora do público que tocasse piano, e, então, ficando quinze passos atrás dela, a paralisou mediante a vontade, com gestos, de tal modo que ela não conseguia mais tocar. Então, ele a colocou diante de uma coluna e magicamente a atou nela, sem que ela conseguisse se desvencilhar, apesar de tentar muito. – Segundo *minha observação*, pode-se explicar quase todas suas peças pelo fato de ele *isolar o cérebro da espinha dorsal*, seja completamente, pelo

Um outro tipo de comprovação dessa verdade aqui em discussão é dado também pelo que, nas *Mitteilungen über die Somnambule Auguste K. in Dresden* [Relatos sobre Auguste K., a sonâmbula] de 1843, a própria sonâmbula declara (p. 53): "estava em sonolência; meu irmão queria tocar uma peça que lhe era conhecida. Pedi-lhe que não a tocasse, pois não me agradava. Mesmo assim ele tentou tocá-la, e então eu levei minha vontade firme que aspirava o contrário a tal ponto que ele não conseguiu mais recordar da peça, apesar de todo esforço" – a coisa atinge o clímax supremo, contudo, quando esse poder imediato da vontade se estende até mesmo aos corpos inanimados.

---

que todos os nervos sensíveis e motores ficam paralisados e ocorre a catalepsia completa; ou a paralização atinge meramente os nervos *motores*, permanecendo a sensibilidade, ou seja, a cabeça mantém sua consciência, repousando sobre um corpo que aparenta estar completamente morto. Do mesmo modo age a estricnina: ela paralisa apenas os nervos motores até o tétano completo e, então, a morte por asfixia, deixando ilesos, contudo, os nervos sensíveis e, consequentemente, a consciência também. Regazzoni consegue a mesma façanha pela influência mágica de sua vontade. O momento desse *isolamento* é claramente visível mediante certo estremecimento peculiar do paciente. Sobre as façanhas de Regazzoni e sua autenticidade inconfundível para quem não estiver fechado para todos os sentidos da natureza orgânica, recomendo um pequeno texto francês de L. A. B. Dubourg: "*Antoine Regazzoni de Bergame à Francfort sur Mein*" [Antoine Regazzoni de Bérgamo à Frankfurt am Main], nov. 1854, 31 p., 8.

No *Journal du Magnétisme* [Revista do Magnetismo], ed. Dupotet, de 25 de agosto de 1856, na resenha de um texto *De la Catalepsie, mémoire couronné*, [Da catalepsia, memorando premiado], 1856, 4ª, Morin, o resenhista, diz: "*La plupart des caractères, qui distinguent la catalepsie, peuvent être obtenus artificiellement et sans danger sur les sujets magnétiques, et c'est même là un des exercices les plus ordinaires des séances magnétiques*" [a maior parte das características que distinguem a catalepsia podem ser obtidas artificialmente e sem perigo nas pessoas magnetizadas, e isso é, de fato, um dos exercícios mais ordinários das sessões de magnetismo] (3. ed., acréscimo).

Por incrível que pareça, existem, contudo, duas comprovações, de procedência bastante distinta. A saber, no livro acima mencionado, se narra (p. 115, 116 e 318), com citações de testemunhas, que tal sonâmbula desorientou a agulha de uma bússola uma vez em 7°, outra em 4°, e até repetiu o experimento quatro vezes, sem usar as mãos, apenas com sua mera vontade, ao fixar o olhar na agulha. – Depois, o *Galignani's Messenger* da revista inglesa *Brittania*, de 23 de outubro de 1851 relata que a sonâmbula Prudence Bernard, de Paris, em uma sessão pública em Londres, forçou, simplesmente girando sua cabeça de um lado para outro, a agulha de uma bússola a seguir esses movimentos, representando os jurados (*acted as jurors*) o senhor *Brewster*, filho do físico, e dois outros senhores do público.

Ao vermos, portanto, a vontade, então, situada por mim como a coisa em si, o único real em toda existência, o núcleo da natureza, partindo do indivíduo humano ao magnetismo animal e, além disso, fazendo coisas inexplicáveis pela conexão causal, ou seja, pela lei do curso da natureza, suspendendo mesmo de certa maneira essa lei, e exercendo, assim, uma efetiva *actio in distans* [ação à distância], de maneira a expor à luz do dia um domínio sobrenatural, ou seja, metafísico, sobre a natureza – desconheço que outra confirmação mais factual de minha doutrina ainda restaria exigir. Por certo não resta, quando até mesmo um magnetizador, sem dúvida ignorante de minha filosofia, em consequência de suas experiências, conde Szapary, é levado acrescentar estas memoráveis palavras, como explicação do título de seu livro *Ein Wort über Animalischen Magnetismus, Seelenkörper und Lebensessenz* [*Uma palavra sobre magnetismo animal, corpos anímicos e essência vital*], de 1840: "ou a comprovação física de que a corrente magnético-animal é o elemento, e de que a *vontade é o princípio de toda vida espiritual e corporal*". – O magnetismo animal surge, portanto, diretamente como a *metafísica prática*, aquilo que Bacon de Verulâmio designou como *magia* em sua classificação das ciências (*Instauratio magna* [Instauração Magna], livro III): é a metafísica empírica ou experimental. Dado que, além disso, no magnetismo animal a vontade aparece como coisa em si, vemos malograr, ato contínuo, o *principium individuationis* [princípio de individuação] (espaço e tempo) que pertence à mera aparição: seus limites que distinguem os indivíduos são rompidos: os espaços entre magnetizador e sonâmbulo não os separam, surgindo uma comunidade dos pensamentos e movimentos da vontade: o estado da clarividência passa para além das relações que pertencem à mera aparição, condicionadas pelo espaço e tempo, além das relações de proximidade e distância, de presente e futuro.

Em consequência de tal estado de coisas, apesar de tantos motivos e preconceitos contra a opinião, que gradualmente foi se fazendo valer, já quase elevada à certeza, de que o magnetismo animal e seus fenômenos são idênticos com uma parte da *magia* de outrora, aquela má-afamada arte oculta, de cuja realidade não apenas os séculos cristãos, que a perseguiram tão duramente, mas igualmente também todos os povos em toda a Terra, incluso até mesmo os selvagens, estiveram convencidos ao longo de todas as épocas, e às suas aplicações nocivas já as doze tábuas romanas[62], o livro de Moisés e mesmo o livro onze de Platão, das Leis, sentenciavam à pena de morte. Quão seriamente era tomada, também no período mais esclarecido romano dos imperadores antoninos, comprova o belo discurso de Apuleio na defesa judiciária contra a acusação de magia levantada contra ele que ameaçava sua vida (*Oratio de magia*, p. 104, edição Bipontini), na qual se esforça unicamente em afastar de si a acusação, mas de maneira alguma negando a possibilidade de magia, pelo contrário, entrando em tais detalhes fúteis como os que costumam figurar nos julgamentos contra as bruxas na Idade Média. Apenas o último século na Europa constitui uma exceção em relação a tal crença, e isso em consequência de Balthasar Bekker, Thomasius e alguns outros que afirmaram, com a boa intenção de fechar para sempre as portas dos julgamentos contra as bruxas, a impossibilidade de toda e qualquer magia. Essa opinião, fomentada pela filosofia do mesmo século, acabou triunfando naquela época, mesmo que apenas nas camadas eruditas e cultas. O povo jamais deixou de crer na magia, nem mesmo na Inglaterra, cujas classes cultas, em contrapartida, costumam unificar uma fé humilhante de carvoeiro em assuntos

---

62. Plínio: *Historia naturalis* [História natural], livro 30, cap. 3.

religiosos com uma descrença impassível, a Santo Tomás ou a Tomasius, de todos os fatos que excedem as leis do choque e contrachoque, ou a dos ácidos e alcalinos, e não querem se permitir ouvir de seu grande compatriota que há mais coisas no céu e na Terra do que sua filosofia pode sonhar. Um ramo da antiga magia se preservou no povo, até mesmo de maneira flagrante sendo exercitado diariamente, permitido pela sua intenção benéfica, a saber as curas por simpatias, de cuja realidade não se pode duvidar. A mais cotidiana é a cura por simpatia das verrugas, cuja eficácia o cauteloso e empírico Bacon de Verulamo já confirmou por experiência própria (*Silva silvarum*, §997): também é comum o encantamento do herpes zoster, com sucesso tão frequente que é fácil se convencer dele; do mesmo modo o encantamento funciona com frequência contra febre etc.[63] – Que, aqui, o autêntico agente não

---

63. Relata-se no *Times* de 12 de junho de 1855, p. 10:

"A horse-charmer.

On the voyage to England the ship Simla *experienced some heavy weather in the Bay of Biscay, in which the horses suffered severely, and some, including a charger of General Scarlett, became unmanageable. A valuable mare was so very bad, that a pistol was got ready to shoot her and to end her misery; when a Russian officer recommended a Cossak prisoner to be sent for, as he was a 'juggler' and could, by charms, cure any malady in a horse. He was sent for, and immediately said he could cure it at once. He was closely watched, but the only thing they could observe him do was to take his sash off and tie a knot in it three several times. However the mare, in a few minutes, got on her feet and began to eat heartily, and rapidly recovered*" [Um encantador de cavalos. Em viagem para a Inglaterra, o navio *Simla* enfrentou mau tempo na baia de Biscay, que foi gravemente sofrido para os cavalos, e muitos deles, incluindo o corcel do general Scarlett, ficaram

sejam as palavras sem sentido e as cerimônias, mas, como na magnetização, a vontade do curador, não requer nenhum debate, dado o que foi dito acima sobre o magnetismo. Exemplos de curas por simpatia podem ser encontrados por quem ainda não estiver familiarizado no *Archiv für den tierischen Magnetismus* [Arquivo de magnetismo animal] de Kieser (vol. 5, fascículo 3, p. 106; vol. 8, fasc. 3, p. 145; vol. 9, fasc. 2, p. 172, e vol. 9, fasc. 1, p. 128). O livro do Dr. *Most Über sympathetische Mittel und Kuren* [Sobre antídotos e curas por simpatias], de 1842, também é útil para iniciar a familiarização com o assunto[64]. Esses dois fatos, o magnetismo animal e as curas por simpatias, atestam, portanto, empiricamente, a possibilidade de um efeito mágico, oposto ao físico, descartado de modo tão peremptório pelo século passado por não querer admitir como possível nada que absolutamente não fosse físico, que não fosse um efeito provocado por um nexo causal concebível.

É uma feliz circunstância que a correção desse modo de ver que está acontecendo em nossos dias

---

intratáveis. Uma égua valiosa estava tão mal que prepararam uma pistola para atirar nela e acabar com seu sofrimento; foi quando um oficial russo recomendou que fosse chamado um prisioneiro cossaco, pois era "malabarista" e podia, com encantamentos, curar qualquer doença em um cavalo. Quando chamado, imediatamente disse que poderia curar num instante. Foi observado de perto, mas a única coisa que puderam vê-lo fazer foi retirar seu cinto e fazer três nós nele várias vezes. Contudo, a égua em poucos minutos se pôs de pé e começou a comer vivamente, se recuperando rapidamente] (3. ed., acréscimo).

64. Plínio (*ib. id.*) já indica um monte de curas por simpatia no 28º livro, cap. 6 a 17 (3. ed., acréscimo).

tenha partido da ciência medicinal, uma vez que isso simultaneamente avaliza que o pêndulo da opinião não obtenha novamente um impulso demasiadamente forte para o lado oposto, o que poderia nos lançar de volta às superstições dos tempos rudes. Trata-se também, como dito, de apenas uma parte da magia cuja realidade se salva pelo magnetismo animal e pelas curas por simpatias: a magia abarcava muito mais coisa que, em grande parte, permanece submetida, até nova ordem, ao velho juízo condenatório ou em suspeição, outra parte, contudo, por sua analogia com o magnetismo animal, deve ao menos ser pensada como possível. Nomeadamente, o magnetismo animal e as curas por simpatias oferecem apenas efeitos benéficos, com fins curativos, semelhantes às que aparecem na história da magia como obra dos assim chamados *Saludadores* na Espanha (Delrio., *disq. mag.* livro III, parágrafo 2, quest. 4, p. 7 – e Bodin, *Mag. daemon*: III, 2), mas que experimentaram da mesma forma o juízo condenatório da igreja; a magia, no entanto, foi com bastante frequência utilizada com intenções perniciosas. Pela analogia, entretanto, é mais do que provável que a força inerente capaz de exercer uma influência salutar ao agir de maneira imediata no indivíduo estrangeiro, será ao menos tão potente quanto a que tem efeito prejudicial e destruidor sobre ele. Se, assim, alguma parte da magia antiga, afora as que podem ser atribuídas ao magnetismo animal e às curas por simpatia, tinha realidade, seriam certamente aquelas designadas como *maleficium* e *fascinatio*, e que justamente ensejaram a maioria dos julgamentos contra as bruxas. No livro acima mencionado de *Most*, encontra-se uma série de fatos que podem ser decididamente enumerados como *malefício* (a saber, p. 40-41 e n. 89, 91 e 97); no *Arquivo* de Kieser também incidem casos, na história da doença relatada por Bende Bensen, que atravessa os volumes 9 a 12, de doenças transmitidas, em especial a cães, que depois morrem dessa doença que lhes foi transmitida. Que a *fascinatio* já era conhecida por Demócrito, quem procurou explicá-la como um fato, depreendemos das *Symposiacae quaestiones* [Questões de simpósio] de Plutarco, na questão V, 7, 6. Caso esses relatos sejam assumidos como verdadeiros, então se tem a chave para o crime de bruxaria, cuja perseguição fervorosa não careceria assim tanto de fundamento. Mesmo que a maioria dos casos tenha se baseado em engano e abuso, não devemos tomar nossos antepassados por tão obstinadamente cegos que, ao longo de tantos séculos, tivessem perseguido, com um rigor tão cruel, um crime que de modo algum teria sido possível. É-nos também compreensível, desde esse ponto de vista, porque até os dias de hoje o povo, em todos os países, atribui, renitente, certos casos de adoecimento a um *malefício*, sem que nada possa dissuadi-lo. Então, se somos, portanto, movidos pelo progresso do tempo a não considerar uma parte de tal arte má afamada como tão nula quanto o século passado pressupôs, ainda assim aqui a cautela é mais necessária do que em nenhuma outra parte para pescar as verdades singulares de um monte de mentiras, enganos e baboseiras, depositado nos textos de Agrippa von Nettesheim, Weyer, Bodin, Delrio, Bindsfeldt e outros. Pois mentiras e trapaças, abundantes em todos os cantos do mundo, não têm em parte alguma um espaço de jogo tão livre quanto ali, onde as leis da natureza são admitidamente abandonadas, sendo declaradas mesmo suspensas. Vemos assim, na esguia base do pouco que pode ser verdadeiro na magia, ser armado um arranha-céu dos contos de carochinha das maiores peripécias, com as aberrações mais selvagens, e cuja consequência foi a prática das crueldades mais sangrentas ao longo de séculos; com tal consideração impõe-se a reflexão psicológica sobre a receptividade do intelecto humano para a baboseira mais inacreditável e ilimitada, e a prontidão do coração humano para validá-la com crueldade.

Não foi unicamente o magnetismo animal, entretanto, o que modificou hoje em dia, na Alemanha, entre os eruditos, o juízo acerca da magia, mas tal mudança foi preparada nos seus fundamentos profundos pela transformação da filosofia gerada por Kant que pôs uma diferença fundamental, nesse e em outros pontos, entre a formação alemã e as outras da Europa. Para sorrir antecipadamente de qualquer simpatia oculta, ou mesmo de algum efeito mágico, é preciso achar que o mundo seja muito ou mesmo completamente compreensível. Só se pode fazer isso, contudo, quando se olha para dentro dele com um olhar extremamente superficial, um que não admite nenhuma suspeita de que estamos mergulhados em um oceano de mistérios e incompreensibilidade e não conhecemos e entendemos a fundo imediatamente nem as coisas, nem nós mesmos. A atitude oposta a essa é justamente a que faz com que quase todos grandes homens, independentemente do tempo e da nação, tenham revelado certa pinta de superstição. Se nossa maneira natural de conhecer fosse uma que nos transmitisse imediatamente a coisa em si e, consequentemente, também as conexões e as relações absolutamente verdadeiros das coisas, então estaríamos, sem dúvida, no direito de descartar *a priori* e, por consequência, incondicionalmente qualquer presciência do que está por vir, qualquer aparição de ausentes, moribundos ou mesmo mortos, e qualquer efeito mágico. Se, porém, como ensina Kant, o que conhecemos são as meras aparências, cujas formas e leis não se estendem às coisas em si, então é precipitado realizar tal descarte, uma vez que essa ação se ampara em leis cujo apriorismo se limita justamente às aparências, enquanto as coisas em si, à qual nosso si mesmo interior tem também que pertencer, permanece intacta por elas. São precisamente essas coisas em si, porém, que podem ter conexões conosco a partir das quais proviriam os processos citados e sobre as quais, portanto, deve-se aguardar para tomar uma decisão *a posteriori*, não se devendo antecipá-la. Que os ingleses e os franceses persistam teimosamente com o descarte *a priori* de tais processos, baseia-se no fundo a ainda estarem subordinados no essencial à filosofia lockeana, segundo a qual nós conhecemos as coisas em si meramente pela dedução da percepção sensível: consequentemente, então, as leis do mundo material são tomadas como incondicionais, como *influxus physicus* [influência física], não podendo valer nenhuma outra. Acreditam, por consequência, em uma física, mas em nenhuma metafísica, e não estatuem, assim, nenhuma outra do que a assim chamada "magia natural", cuja expressão contém a mesma *contradctio in adjecto* [contradição dos termos] de "física sobrenatural", sendo utilizada, no entanto, inúmeras vezes com seriedade, e apenas *uma* vez, recentemente, como piada, por Lichtenberg. O povo, por sua vez, com sua crença sempre pronta às influências sobrenaturais em geral, articula a seu modo a convicção, mesmo que apenas sentida, de que são meras aparições o que percebemos e compreendemos, não coisas em si. Que não se diga que se esteja exagerando, que uma passagem da *Grundlegung zur Metaphysik der Sitten* [Fundamentação da metafísica dos costumes] possa comprovar: "*é uma observação que pode ser estabelecida sem necessidade de uma reflexão sutil e que se pode supor ao alcance do entendimento mais vulgar, ainda que à sua maneira, por meio de uma obscura distinção da faculdade do* juízo, *a que ele chama sentimento: que todas as representações que nos vêm sem intervenção do nosso arbítrio (como as dos sentidos) nos dão a conhecer os objetos senão como nos afetam, permanecendo-nos assim desconhecido o que eles em si mesmos possam ser, e não podendo nós chegar, por conseguinte, pelo que respeita a este tipo de representações,* mesmo que *com o maior esforço de atenção e clareza que o entendimento for capaz de fornecer, senão somente ao conhecimento das aparições, e nunca ao das coisas em si mesmas. Logo que se tenha feito esta distinção [...] segue-se por si mesma que por trás das aparições há que admitir e conceder ainda outra coisa que não é aparição, a saber, as coisas em si [...]"*[65] (3. ed., p. 105).

Ao se ler a história da magia de D. Tiedemann intitulada *Disputatio de quaestione, quae fuerit artium magicarum origo* [Debate das questões sobre a origem das artes mágicas], Marburgo, 1787, premiado pela sociedade de Göttingen, admira-se a persistência com a qual, a despeito de tantos fracassos, a humanidade perseguiu em toda parte e a todo tempo o pensamento da magia, concluindo-se disso que este deve ter um fundamento profundo, ao menos na natureza humana, quando não nas coisas em geral, sem que possa ser um capricho arbitrariamente inventado. Ainda que os escritores divirjam ao definirem o que é a *magia*, seu

---

65. Adaptado de KANT, I. *Fundamentação da metafísica dos costumes*. Trad. Paulo Quintela. Lisboa: Edições 70, 2007, p. 99-100. É interessante como Schopenhauer corta de sua citação duas coisas. Uma é a continuação da sentença final – uma oração condicional –, que poderia levar a uma interpretação bastante distinta da que ele propõe nessa seção: "[...] *ainda quando, uma vez que elas nunca nos podem ser conhecidas senão apenas e sempre como nos afectam, nos conformamos com não podermos aproximar-nos bastante delas e nunca podermos saber o que elas são em si*". A outra é uma passagem entre parênteses, no meio do trecho citado, que também atrapalharia sua interpretação heterodoxa da noção de "coisa em si kantiana": "[...] esta distinção (em todo o caso por meio da diferença notada entre as representações que nos são dadas de fora e nas quais nós somos passivos, e as que nós produzimos unicamente de nós mesmos e nas quais demonstramos a nossa atividade) segue-se [...]" [N.T.].

pensamento fundamental não pode ser confundido. A saber, a todo tempo e em todos os países se alimentou a opinião que, além do modo regular de gerar modificações no mundo pelo nexo causal dos corpos, deveria haver ainda um outro, completamente distinto, não baseado em qualquer nexo causal; parecendo, assim, seus meios evidentemente absurdos ao se abordá-los no sentido do primeiro modo, uma vez que a inadequação da causa empregada para o efeito intentado salta aos olhos e que é impossível o nexo causal entre ambos. Só que os pressupostos feitos aqui eram que deveria haver, além da conexão exterior das aparições desse mundo, fundamentada pelo *nexum physicum* [nexo físico] ainda uma outra, que passe pela essência em si de todas as coisas, por assim dizer uma conexão subterrânea, graças à qual desde *um* ponto da aparição pudesse ter efeito imediatamente em todos os outros, por um *nexum metaphysicum* [nexo metafísico]; que, portanto, deveria ser possível um efeito nas coisas pelo interior, em vez do habitual efeito pelo exterior, um efeito da aparição na aparição, graças à essência em si que em todas as aparições é uma e a mesma; que, tal como nós agimos, surtindo efeito, de maneira causal, como *natura naturata* [natureza naturada], pudéssemos fazer valer também, por um efeito como *natura naturans* [natureza naturante] e pelo momento o microcosmo como macrocosmo; que as divisórias da individuação e da distinção, por mais sólidas que sejam, ainda poderiam permitir ocasionalmente uma comunicação, por assim dizer nos bastidores, ou como um jogo furtivo por debaixo da mesa; e que, tal como na clarividência do sonâmbulo há uma suspensão da isolação individual do conhecimento, também poderia haver uma suspensão da isolação individual da *vontade*. Um pensamento como esse não pode provir de maneira empírica, nem sua confirmação pode ser feita pela experiência que o preservou ao longo de todos os tempos e em todos os países: pois, na maioria dos casos, a experiência deveria ter tido um resultado diametralmente oposto a ele. Acredito, portanto, que deve ser procurada bem no fundo a origem desse pensamento inextinguível, tão geral na humanidade, apesar de tanta experiência contrária e do bom-senso geral, a saber, no sentimento interior da onipotência da vontade em si, dessa vontade que é a essência interior do humano e, ao mesmo tempo, da natureza toda, e na pressuposição, ligada a isso, de que tal onipotência deveria ser feita valer, uma vez que seja, de alguma maneira, também a partir do indivíduo. Não se era capaz de pesquisar e distinguir o que poderia ser possível a essa vontade como coisa em si e o que poderia ser possível a ela em sua aparição singular; mas se presumiu sem mais que ela seria capaz, sob certas circunstâncias, de romper as limitações da individuação: pois tal sentimento repugnava perseverantemente o conhecimento impingido pela experiência de que

> *Der Gott, der mir im Busen wohnt,*
> *Kann tief mein Innerstes erregen,*

Der über allen meinen Kräften thront,
Er kann nach Außen nichts bewegen.

[O deus que me mora aqui no peito
Pode fundo meu íntimo agitar,
Sobre todas minhas forças seu reino,
Para fora nada pode levar][66].

Segundo esse pensamento fundamental aqui exposto, descobrimos que, em todos os ensaios sobre magia, o meio físico empregado sempre foi tomado apenas como veículo de algo metafísico, uma vez que, senão, evidentemente não poderia haver qualquer relação com o efeito intendido: sendo estas palavras estranhas e estrangeiras, ações simbólicas, figuras traçadas, imagens de cera e outras coisas semelhantes. E, segundo esse sentimento originário, vemos que, ao final, sempre era um ato da *vontade* aquilo que, atado, tal veículo levava. A ocasião bastante natural para isso foi que se tomou consciência de que algo influía na vontade de maneira completamente inexplicável, ou seja, evidentemente metafísica: isso não

---

66. Optei por fazer uma nova tradução da passagem goetheana, a fim de contribuir com o entendimento mais teórico de que Schopenhauer me parece ter em vista aqui, a saber, a relação entre o dentro e o fora da agência do "metafísico", embora sem renunciar a reproduzir, o máximo que consegui, a estrutura rítmica e poética dos versos e das rimas. Entretanto, segue aqui a tradução já consolidada da mesma passagem de cunho de Jenny Klabin Segall: "O Deus, que o ser profundo me emociona/ E me agita o âmago em que mora,/ Que acima de meus brios todos trona,/ Não pode atuar nada por fora". GOETHE, J. W. von. *Fausto*. Uma tragédia. Primeira parte. Trad. Jenny Klabin Segall. São Paulo: Editora 34, 2016, p. 159, versos 1566-1569 [N.T.].

deveria, se pensava, poder se estender aos outros corpos? Encontrar o caminho disso, suspender a isolação em que a vontade se encontrava em cada indivíduo, obter uma expansão da esfera imediata da vontade sobre o próprio corpo do querente – tal era a tarefa da magia.

Entretanto, faltava muito para que esse pensamento fundamental, aparentando provir autenticamente da magia, passasse imediatamente à consciência clara e fosse conhecido *in abstracto*, e a magia compreendesse de imediato a si mesma. Apenas em alguns escritores, pensadores e eruditos de séculos passados, encontramos, como, com citações, logo comprovarei, o pensamento claro de que na própria *vontade* reside a força mágica, e de que os signos e atos aventurosos, juntamente com as palavras sem sentido que os acompanham, na condição de meios de invocação e amarração dos demônios, são meros veículos e meios de fixação da *vontade*, pelo que o ato de vontade que deve ter efeito mágico, cessando de ser um mero desejo e se torna ato, recebe um *corpus* (como diz Paracelso), emitindo também, em certa medida, a explicação expressa de que faz vigorar agora a vontade individual como universal, como vontade em si. Pois, em todo e qualquer ato mágico, cura por simpatia ou o que seja, a ação exterior (o meio de amarração) é justamente o que é a fricção do atrito na magnetização, ou seja, não o autenticamente essencial, mas o veículo, aquilo mediante o que a vontade, a única autêntica agente, recebe sua direção e fixação no mundo corpóreo, transpassando à realidade: por isso, é, em geral, indispensável. – Nos demais escritores de tal época, no que tange a tal pensamento fundamental da magia, consta apenas o fim de exercer arbitrariamente um domínio absoluto sobre a natureza. Mas não puderam se elevar ao pensamento de que tal domínio deveria ser um imediato, mas o pensaram completamente como *mediado*. Pois, as religiões de todas as regiões tinham em toda parte posto a natureza sob o domínio de deuses e demônios. Guiá-los, então, segundo sua vontade, movê-los a seu serviço, coagi-los mesmo, a isso ansiava o mágico, e atribuía a eles o que quer que lhe desse resultado, tal como Mesmer atribuiu inicialmente o sucesso de sua magnetização aos ímãs que tinha em mãos, em vez de à sua vontade que era o agente verdadeiro. Assim foi tomada a coisa em todos os povos politeístas, e assim também compreendem Plotino[67] e especialmente Jâmblico a magia, ou seja, como *teurgia*, expressão que foi utilizada pela primeira vez por Porfírio. A essa interpretação era conveniente o politeísmo, essa aristocracia divina, uma vez que fazia repartir o domínio sobre as diversas forças da natureza em justamente tantos deuses e demônios que, ao menos em sua maior parte, eram apenas forças da natureza personificadas, e das quais ora esta, ora aquela, os mágicos exploravam para si ou faziam subservientes. Só na monarquia divina, em que

---

67. Aqui e ali Plotino tem umas boas sacadas. Por exemplo, *Enn.* II., liv. III, c. 7. *Enn.* IV, liv. III, c. 12 – e liv. IV, c. 40, 43. E liv. IX, c. 3.

toda a natureza obedece a um único, teria sido um pensamento ousado demais cerrar uma aliança privada com ele, ou até mesmo querer exercer um domínio sobre ele. Por isso que onde o judaísmo, o cristianismo ou o islamismo dominaram, interpôs-se a onipotência do deus único a essa interpretação, a qual o mágico não podia se atrever a fazer. Aí não lhe restou mais nada, então, a não ser buscar refúgio com o diabo, selando uma aliança com tal rebelde ou descendente imediato de Arimã, a quem cabia ainda, contudo, algum poder sobre a natureza, assegurando-se, assim, de seu auxílio: essa era a "magia negra". Sua oposta, a branca, o era na medida em que o mágico não se amigava com o diabo, mas buscava a permissão ou mesmo cooperação do deus único para a súplica aos anjos, com mais frequência, contudo, na medida em que mencionava os nomes e títulos hebraicos incomuns, como *adonai* e semelhantes, convocando os diabos e os coagia à obediência, sem lhes prometer nada de sua parte: *Höllenzwang*, coação do inferno[68]. – Todas essas meras interpretações e investiduras do assunto foram, contudo, tomadas tão inteiramente como a essência dela e como processos objetivos que todos os escritores que não conhecem a magia pela sua própria prática, mas apenas de segunda mão, como Bodin, Delrio, Bindsfeldt etc. determinam sua essência como sendo um efeito não mediante forças da natureza, nem vias naturais, mas mediante o auxílio

---

68. Delrio: *Dis. Mag*, l. II, q. 2. – Agrippa von Nettesheim: De ranit. Sient., c. 45.

do diabo. Essa foi e permaneceu sendo também a opinião geral vigente, se modificando apenas de local em local segundo as religiões de cada região: ela foi também a base das leis contra a magia e dos julgamentos contra as bruxas: do mesmo modo, direcionavam-se, em regra, contra ela as contestações da possibilidade de magia. Uma tal concepção e interpretação do assunto *objetivas* eram, contudo, inevitáveis, graças ao realismo decidido completamente dominante na Europa já tanto na Antiguidade, quanto também na Idade Média e só abalado pela primeira vez por Descartes. Até esse momento, as pessoas não tinham aprendido ainda a direcionar a especulação às profundezas mais misteriosas de seu próprio interior, buscando tudo fora de si. E até mesmo fazer da vontade, que encontravam em si mesmas, senhora da natureza era um pensamento tão audacioso que seria chocante: assim se a fez senhora dos entes fictícios, aos quais a superstição dominante admitia poder sobre a natureza, a fim de torná-la, desse modo, ao menos de maneira mediada, senhora da natureza. Aliás, demônios e deuses de todo tipo são, além do mais, sempre hipóstases, mediante as quais os crentes de todas as cores e seitas tornam compreensível o *metafísico*, o que fica *por detrás* da natureza, o que lhe confere sua existência e persistência, e, portanto, o que a domina. Quando, então, se diz que a magia surte efeito com o auxílio de demônios, o sentido que reside no fundo desse pensamento sempre é, pois, que ela é um efeito não por vias físicas, mas *metafísicas*, não um efeito natural, mas sobrenatural. Então, se reconhecemos agora, porém, no pouco de factual que fala em favor da realidade da magia, a saber, o magnetismo animal e as curas por simpatias, nada outro do que um efeito imediato da vontade que manifesta aqui sua força imediata no exterior do individuo querente, como o faz apenas em seu interior, e vemos, como logo mostrarei e comprovarei com citações inequívocas e decisivas, os iniciados mais profundamente na antiga magia derivar todos os seus efeitos apenas da *vontade* do mágico, então essa é, com efeito, uma demonstração empírica forte de minha doutrina de que o metafísico em geral, a única coisa disponível fora da representação, a coisa em si do mundo, não é outra coisa do que aquilo que conhecemos em nós como *vontade*.

Se, então, tais mágicos supunham o domínio imediato que a vontade por vezes pode exercer sobre a natureza como um domínio meramente mediado pelo auxílio dos demônios, isso não poderia ser um obstáculo de seu efeito, quando e onde quer que tal domínio pudesse ter lugar. Pois é justamente porque nas coisas desse tipo está ativa a vontade em si, em sua originalidade e, portanto, aparte da representação, que conceitos falsos do intelecto não podem impedir seu efeito, ficando aqui, ao contrário, teoria e práxis bem distantes uma da outra: a falsidade daquela não atravessa o caminho desta, e a teoria correta não habilita à práxis. Mesmer atribuiu inicialmente seu efeito ao ímã que tinha em mãos, explicando depois a maravilha do magnetismo animal, segundo uma teoria materialista, por um fluído sutil que atravessa tudo, e não menos por isso efetuava, contudo, com poder surpreendente. Conheci um proprietário de terras cujos camponeses estavam habituados desde muito tempo a que os casos de febre fossem expulsos com o ensalmo do seu senhor: ainda que ele tivesse convencido da impossibilidade de todas as coisas desse tipo, ele fazia, por bondade, segundo as maneiras convencionais, a vontade dos camponeses, e frequentemente com sucesso, o qual atribuía à firme confiança dos camponeses, sem ponderar que ela também deveria dar resultado em tratamentos muitas vezes totalmente inúteis de muitos doentes bastante confiantes.

Se, então, a teurgia e a demonologia, como descrito, eram mera interpretação e investidura da coisa, mero envoltório em que a maioria ficava, não faltaram, contudo, gente que, olhando para o interior, reconheceram muito bem que o que agia em certos efeitos mágicos, em sua totalidade não era outra coisa do que a *vontade*. A esses que viram mais fundo não temos, contudo, de buscar entre aqueles que tratavam a magia como estranha, estrangeira, até com hostilidade, e justamente são deles a maioria dos livros sobre a magia: são gente que conhecem a magia só dos tribunais e da audição de testemunhas, e descrevem, portanto, só sua parte exterior, silenciando mesmo, prudentemente, onde estes se lhes tornou conhecidos por confissões, com o intuito de não propagar o terrível vício da magia: é gente do tipo de Bodino, Delrio, Bindsfeldt e outros. Porém, é entre os filósofos e naturalistas desses tempos de superstição dominante que temos que buscar informações e explicações a respeito da essência autêntica da coisa. De seus depoimentos infere-se, contudo, da maneira mais clara que, na magia, assim como no magnetismo animal, o agente autêntico não é outra coisa do que a *vontade*. Devo apresentar algumas citações para comprovar isso[69]. *Teofrasto Paracelso* é especial, contudo, por ter dado mais informações e explicações sobre a essência interior da magia do que qualquer outro, sem nem mesmo evitar descrever minuciosamente seus procedimentos, a saber (segundo a edição de Estrasburgo de seus escritos em dois volumes, 1603) vol. 1, p. 91, 353 e s. e 789, e no vol. 2, p. 362 e 496. – No volume 1 (p. 19), ele diz: "Nota sobre figuras de cera: portando hostilidade em minha vontade contra um outro, essa hostilidade deve ser realizada por um médium, ou seja, um *corpus*. Ou seja, é possível, que meu espírito, sem auxílio de meu corpo, espete ou fira um outro com minha espada mediante meu *desejo fervoroso*. Ou seja, também é possível que, com minha *vontade*, eu leve o espírito de meu adversário à figura [de cera] e, então, o retorça ou paralise a meu bel-prazer. – Deveis saber que o efeito da *vontade*

---

[69]. Roger Bacon já diz, no século XIII: "[...] *Quod si aliqua anima maligna cogitat fortiter de infectione alterius atque ardenter desideret et certitudinaliter intendat atque vehementer consideret se posse nocere, non est dubium, quin natura oboediat cogitationibus animae*" [Se uma pessoa ímpia pensa com todas as suas forças em fazer mal a outrem, deseja-o ferozmente e tem a intenção final de o fazer, e está também firmemente convencida de que pode fazer mal, então não há dúvida de que a natureza ouvirá as intenções da sua vontade]. S. Roger Bacon, *Opus Majus* [Obra magma], Londres, 1733, p. 252) (3. ed., acréscimo).

é um grande ponto na medicina. Àquele que não concede a si mesmo nada de bom e odeia a si mesmo é possível que aconteça o que amaldiçoou a si. Pois a maldição vem pela imposição do espírito. Também é possível que as figuras sejam amaldiçoadas com doenças etc. [...] Um efeito desse tipo também ocorre nos animais, e neles é bem mais fácil do que nos humanos: pois o espírito humano se defende mais do que o dos animais".

P. 375: "Disso se segue, pois, que uma figura enfeitiça a outra: não por força do caráter, ou o que é o mesmo, mediante cera virgem; mas pela ultrapassagem da imaginação de sua própria constelação que a torna um meio para o cumprimento de sua vontade celeste, ou seja, de seu humano".

P. 334: "Toda imaginação do humano parte do coração: o coração é o sol no microcosmo. E toda atividade imaginária do humano do pequeno sol do microcosmo segue ao sol do mundo grande, no coração do macrocosmo. Assim, a *imaginatio mikrokosmi* é uma semente que se materializa etc."

P. 364: "Vos é suficientemente sabido, o que a imaginação firme faz, esse começo de todas as obras mágicas".

P. 789: "Ou seja, meu pensamento também é mirar a um fim. Apenas não posso virar os olhos para lá com minhas mãos, mas é minha imaginação que os guia para onde eu desejar. Ou seja, que o andar se entenda assim também: eu desejo, me proponho, e assim movimento meu corpo: e quanto mais firme for meu pensamento, mais firme é que vou caminhar. Ou seja, só a *imginatio* é a motriz de minha caminhada".

P. 837: "A *imaginatio* utilizada contra mim pode ser usada, portanto, de modo tão firme que posso ser morto pela *imaginatio* do outro".

Vol. 2, p. 274: "A imaginação vem do desejo e do anelo: o desejo dá em inveja, ódio: pois estes não ocorreriam se não tiveres, pois, desejo de. Assim, então, tu tens desejo, segue a ele a obra da imaginação. Esse desejo deve ser tão rápido, ávido e ágil como o de uma mulher grávida etc. – uma maldição comum vira comumente verdadeira: por quê?, parte do coração: e, ao partir do coração, está e dá à luz a semente. Ou seja, as maldições contra os pais ou as mães também vem do coração, portanto. A maldição das pessoas pobres também é *imaginatio* etc. A maldição do cativo, também apenas *imaginatio*, vem do coração. [...] Portanto, se alguém também quer golpear, enfraquecer etc. alguém com sua *imaginatio* deve atrair em si primeiro a coisa e o instrumento para então imprimi-lo: pois o que entra pode também voltar a sair, por pensamentos, como se ocorresse pelas mãos [...] As mulheres superam os homens nessas imaginações: [...] pois são ardentes na vingança".

P. 298: "*Magica* é uma grande sabedoria oculta, assim como a razão é uma grande estupidez pública. [...] Nenhuma armadura protege contra a magia: pois ela fere a pessoa interior, o espírito da vida. [...] Vários magos fazem uma imagem na forma de uma pessoa que quiserem e batem com uma brocha na sola do pé: a pessoa fica ferida de maneira invisível e coxa até a brocha ser removido".

P. 307: "Isto temos que saber, que nós, apenas mediante a crença e nossa imaginação pujante, podemos tornar o espírito de qualquer pessoa em uma imagem. [...] Não é preciso nenhuma evocação, e as cerimônias, os círculos traçados, as fumaças, *sigilla* e semelhantes são macaquice e sedução. – *Homunculi* e imagens são feitas etc. [...] nas quais são levadas a cabo todas as operações, forças e vontades da pessoa. [...] É uma grande coisa o ânimo humano que ninguém é capaz de articular: como o próprio Deus é eterno e imperecível, também o é o ânimo humano. Se nós, humanos, conhecêssemos corretamente nosso ânimo, nada nos seria impossível na Terra. [...] A imaginação perfeita, que vem dos *astri*, nasce no ânimo".

P. 513: "A *imaginatio* é confirmada e levada a cabo pela crença de que verdadeiramente ocorra: pois qualquer dúvida quebra com a obra. A crença deve confirmar a imaginação, pois a crença guia a vontade. [...] Que, porém, as pessoas não imaginem sempre de maneira perfeita, não *acreditem* de maneira perfeita, faz com que se deva chamar essas artes de incertas, por mais que possam muito bem ser, sim, seguras". – Para elucidar essa última frase pode servir uma passagem de Campanella, no livro *De sensu rerum et magia* [Do sentido das coisas e da magia]: "*Efficiunt alii, ne homo possit futuere, si tantum credat: non enim potest facere, quod non credit posse facere*" [a influência externa pode fazer com que uma pessoa não consiga concretizar o ato sexual se acreditar mais na sua incapacidade; pois não pode fazer aquilo que acredita não poder fazer] (livro IV, cap. 18).

Agrippa de Nettesheim fala, no mesmo sentido, *De occulta philosophia* [Da filosofia oculta], livro 1, cap. 65: "*Non minus subicitur corpus alieno animo quam alieno corpori*" [o corpo não está menos sujeito à influência de um espírito estranho do que à de um corpo estranho]. E, no cap. 67: "*Quidquid dictat animus fortissime odientis, habet efficaciam nocendi et destruendi; similiter et in ceteris, quae affectat animus forti desiderio. Omnia enim, quae tunc agit et dictat ex characteribus, figuris, verbis, sermonibus, gestibus et eiusmodi, omnia sunt adiuvantia appetitum animae et acquirunt mirabiles quasdam virtutes, tum ab anima operantis in illa hora, quando ipsam appetitus eiusmodi maxime invadit, tum ab opportunitate et influxu caelesti animum tunc taliter movente*" [tudo o que o espírito daquele que sente um ódio muito forte dita tem o efeito de prejudicar e destruir; e é semelhante a tudo o mais que o espírito com um desejo muito forte deseja. Pois tudo o que ele então faz e dita por meio de caracteres, figuras, palavras, gestos e coisas semelhantes, tudo isso sustenta o desejo da alma e ganha certos poderes milagrosos, seja por parte daquele que labuta nesse pecado, quando tal desejo enche particularmente sua alma, seja por parte de uma influência celestial que então leva o espírito a tal excitação]. Cap. 68: "*Inest hominum animis virtus quaedam immutandi et ligandi res et homines ad id, quod desiderat, et omnes res oboediunt illi, quando fertur in magnum excessum alicuius passionis vel virtutis in tantum, ut superet eos, quos ligat. Radix eiusmodi ligationis ipsa est affectio animae vehemens et exterminata*" [o espírito do ser humano tem um certo poder de determinar as coisas e as pessoas e de vinculá-las ao que ele exige, e todas as coisas lhe obedecem quando ele entra num grande impulso de paixão ou energia a tal ponto que supera aqueles a quem vincula. A causa de tal ligação é a excitação intensa e desmedida da própria alma].

Giulio Cesar Vanini, diz a mesma coisa em *De admirandis naturae arcanis* [Dos admiráveis segredos da natureza], livro 4, diálogo 5, p. 434: "*Vehementem imaginationem, cui spiritus et sanguis oboediunt, rem mente conceptam realiter efficere non solum intra, sed et extra*"[70] [que uma imaginação

---

70. Ibidem, p. 440: "*Addunt Avicennae dictum: 'ad validam alicuius imaginationem cadit camelus'.*". [cita-se o ditado de Avicena: "se pensarmos intensamente, podemos derrubar um camelo] Ibidem, p. 478, ele fala da amarração, "*fascinatio, ne quis cum muliere coeat*" [um feitiço que impede alguém de dormir], e diz:

Equidem in Germania complures allocutus sum vulgari cognomento necromantistas, qui ingenue confessi sunt se firme satis credere meras fabulas esse opiniones, quae de daemonibus vulgo circumferuntur, aliquid tamen ipsos operari vel vi herbarum commovendo phantasiam vel vi imaginationis et fidei vehementissimae, quam ipsorum nugacissimis confictis excantationibus adhibent ignarae mulieres, quibus persuadent recitatis magna cum devotione aliquibus preculis statim effici fascinum, quare credulae ex intimo cordis effundunt excantationes atque ita, non vi verborum neque caracterum, ut ipsae existimant, sed spiritibus (Schopenhauer escreveu aqui *vitalibus et animalibus*) *fascini inferendi percupidis exsufflatis proximos effascinant. Hinc fit, ut ipsi necromantici in causa propria vel aliena, si soli sint operarii, nihil unquam mirabile praestiterint: carent enim fide, quae cuncta operatur* [Na Alemanha, conversei com muitos dos chamados necromantes que confessaram abertamente que eles próprios estavam convencidos de que as opiniões que se espalhavam entre as pessoas sobre os demônios eram meros boatos; no entanto, eles próprios podiam conseguir alguma coisa, quer fosse através da excitação da imaginação com certas ervas, quer fosse apenas através do poder da imaginação e de uma crença muito forte nas fórmulas mágicas bastante tolas que tinham elaborado, ao ensinarem a mulheres ignorantes, fazendo-as

veemente, à qual obedecem espírito e sangue, é capaz de efetuar, na verdade, uma coisa concebida na imaginação, não só no interior, mas também no exterior].

Fala coisa semelhante *Jean Baptista van Helmont*, quem se esforça bastante em derrogar o máximo possível a influência do diabo na magia, para atribuí-la à vontade. Aporto algumas passagens da grande coleção de suas obras, *Ortus medicinae* [Princípios da medicina], mencionando o texto específico de cada uma:

Recepta iniecta, §12: "*Cum hostis naturae (diabolus) ipsam applicationem complere ex se nequeat, suscitat ideam fortis desiderii et odii in saga, ut mutatis istis mentalibus et liberis mediis transferat suum velle per quod, quodque afficere intendit*[71]. *Quorsum imprimis etiam exsecrationes cum idea desiderii et terroris odiosissimis suis scrofis praescribit*" [como o inimigo da natureza (Satanás) não pode realizar esta aplicação por si próprio, ele desperta na feiticeira a ideia de um forte anseio e ódio, para que possa, por esses meios espirituais e arbitrários

---

crer que, ao recitarem certas orações com grande devoção, o feitiço produziria efeito imediato; quando estas, então, em sua credulidade, proferem os encantamentos do fundo do coração, acontece que, não pela força das palavras ou dos caracteres em que as mulheres acreditam, mas pelos fôlegos que exalam com uma ânsia violento de enfeitiçar, aqueles que estão perto delas são imediatamente encantados. É por isso que os próprios necromantes, em causa própria ou alheia, quando trabalham sozinhos, nunca produzem nada de milagroso, porque lhes falta a crença que tudo pode] (3. ed., acréscimo) [N.T.].

71. *Der Teufel hat sie's zwar gelehrt; / Allein der Teufel kann's nicht machen* [O diabo a ensinou [a poção];/ Mas o diabo não a pode fazer]. Goethe, *Fausto 1*, vol. 2376-7 (3. ed., acréscimo).

emprestados, aplicar a sua vontade por onde e em que lugar quer fazer mal. Para tal finalidade, prescreve também certas maldições e desejos às essas execrações com a ideia de um desejo e um ódio odiosíssimos]. §13: "*Quippe desiderium istud, ut est passio imaginantis, ita quoque creat ideam non quidem inanem, sed executivam atque incantamenti motivam*" [Pois esse desejo, embora seja uma paixão imaginada, cria também uma representação que não é meramente vazia, mas que atua e motiva o encantamento]. §19: "*Prout iam demonstravi, quod vis incantamenti potissima pendeat ab idea naturali sagae* " [porque eu já provei que a força mágica mais importante vem da imaginação natural das bruxas].

De iniectis materialibus, §15: "*Saga per ens naturale imaginative format ideam liberam, naturalem et nocuam. [...] Sagae operantur virtute naturali [...] Homo etiam dimittit medium aliud executivum, emanativum et mandativum ad incantandum hominem; quod medium est idea fortis desiderii. Est nempe desiderio inseparabile ferri circa optata*" [a feiticeira, em virtude de sua essência natural, forma na imaginação uma representação arbitrária, natural, mas nociva... as feiticeiras atuam mediante uma força natural.... O ser humano também expele um meio estranho, emanador e imperioso, capaz de encantar o próximo; este meio é a imaginação de um forte desejo cuja qualidade indistinguível é a de se mover em direção ao desejado].

De sympatheticis mediis §2: "*Ideae scilicet desiderii per modum influentiarum caelestium, iaciuntur in proprium objectum, utcunque localiter remotum. Diriguntur nempe a desiderio objectum sibi specificante*" [pois as ideias do desejo são lançadas, ao modo das influências celestes, no próprio objeto, por mais distante que esteja. Pois elas são conduzidas pelo desejo que põe para si mesmo um objeto específico].

De magnetica vulnerum curatione §76: "*Igitur in sanguine est quaedam potestas exstatica, quae, si quando ardenti desiderio excitata fuerit, etiam ad absens aliquod obiectum exterioris hominis spiritu deducenda sit: ea autem potestas in exteriori homine latet velut in potentia nec ducitur ad actum, nisi excitetur accensa imaginatione ferventi desiderio vel arte aliqua pari*" [no sangue, portanto, existe certa força estática que, quando despertada por um desejo violento, pode também levar o espírito do homem exterior a alguma coisa ausente. Mas essa força está oculta na pessoa exterior, sendo só uma potência, e não se atualiza a menos que seja excitada por uma imaginação fervorosa ou um desejo violento, ou por outro meio semelhante]. §98: "*Anima prorsus spiritus nequaquam posset spiritum vitalem (corporeum equidem) multo minus carnem et ossa movere aut concitare, nisi vis illi quaepiam naturalis magica tamen et spiritualis ex anima in spiritum et corpus descenderet. Cedo, quo pacto oboediret spiritus corporeus iussui animae, nisi iussus spiritum et deinceps corpus movendo foret? At extemplo contra hanc magicam motricem obicies istam esse intra concretum sibi suumque hospitium naturale, idcirco hanc, etsi magicam vocitemus, tantum erit nominis detorsio et abusus, siquidem vera et superstitiosa magica non ex anima basin desumit; cum eadem haec nil quidquam valeat, extra corpus suum movere altera re aut ciere. Respondeo vim et magicam illam naturalem animae, quae extra se agat virtute imaginis Dei latere iam obscuram in homine velut obdormire (post praevaricationem) excitationisque indigam: quae eadem, utut somnolenta ac velut ebria, alioqui sit in nobis cottidie; sufficit tamen ad obeunda munia in corpore suo: dormit itaque scientia et potestas magica et solo nutu actrix in homine*" [a alma, por ser um espírito puro, não poderia de modo algum mover e estimular o espírito da vida (algo corpóreo), e muito menos a carne e os ossos, se certa força natural, que é, por assim dizer, mágica e espiritual, não descesse da alma no espírito e no corpo. Pois de que maneira o espírito corporal poderia obedecer ao comando da alma se esse comando não pudesse mover o espírito e depois o corpo. Mas objetarás contra essa força mágica que ela deveria permanecer apenas na sua essência e na sua morada natural, e que, se a denominamos força mágica, isso é apenas uma distorção e mau uso do nome, uma vez que a verdadeira e supersticiosa força mágica não obtém seu fundamento da alma, pois aí não conseguiria mover, modificar ou excitar qualquer outra coisa fora do seu corpo. A isso respondo que essa força mágica natural da alma, que mediante a imagem de Deus atua fora de si mesma, está agora oculta na obscuridade das pessoas, e está como que adormecida depois do pecado original, devendo ser despertada. E, embora ela esteja diariamente em nós apenas como que adormecida e embriagada, ela é capaz de desempenhar seu ofício no corpo. E, assim, a ciência e a força mágicas, que podem funcionar com um simples piscar de olhos da vontade, repousam dormentes nos humanos]. §102: "*Satan itaque vim magicam hanc excitat (secus dormientem et scientia exterioris hominis impeditam) in suis mancipiis et inservit eadem illis ensis vice in manu potentis, id est sagae. Nec aliud prorsus Satan ad homicidium affert praeter excitationem dictae potestatis somnolentae*" [agora, Satanás desperta nos seus súditos esse espírito ou poder mágico (que de outra forma está adormecido e impedido pela consciência externa da pessoa), e esta está nas bruxas, então, como uma espada na mão de um homem forte. E, no homicídio, Satanás nada mais faz do que despertar a força adormecida]. §106: "*Saga in stabulo absente occidit equum: virtus quaedam naturalis a spiritu sagae, et non a Satana derivatur, quae opprimat vel strangulet spiritum vitalem equi*" [ao matar um cavalo num estábulo isolado, o espírito da feiticeira, e não o de Satanás, envia uma certa força natural que suprime, estrangulando, o espírito vital do cavalo]. §139: "*Spiritus voco magnetismi patronos non, qui ex caelo demittuntur multoque minus de infernalibus sermo est, sed de iis, qui fiunt in ipso homine sicut ex silice ignis: ex voluntate hominis nempe aliquantillum spiritus vitalis influentis desumitur et id ipsum assumit idealem entitatem, tanquam formam ad complementum. Qua nacta perfectione spiritus mediam sortem inter corpora et non corpora assumit. Mittitur autem eo, quo voluntas ipsum dirigit: idealis igitur entias [...] nullis stringitur locorum, temporum aut dimensionum imperiis, ea nec daemon est nec eius ullus effectus, sed spiritualis quaedam est actio illius, nobis plane naturalis et vernácula"* [ao falar dos espíritos dos quais provém a força magnética, não me refiro aos que descem do céu e muito menos aos infernais, mas aos que não surgem nos humanos mesmos, como o fogo de um seixo: a saber, depois da vontade da pessoa, uma pequena porção é tomada do espírito vital que influencia, que adquire uma essência ideal, uma forma e perfeição. Ao obter essa perfeição, o espírito vai assumir uma natureza que é uma espécie de intermediária entre o que o corpo é e não é. Ele se dirige, então, para onde a vontade quiser. [...] essa essência ideal, então, [...] não se limita nem no lugar e no tempo, nem por outra barreira, não sendo nem o próprio Satanás, nem um efeito dele, mas certo efeito espiritual que nos acontece de maneira completamente natural]. §168: *"Ingens mysterium propalare hactenus distuli, ostendere videlicet ad manum in homine sitam esse energiam, qua solo nutu et phantasia sua, queat agere extra se et imprimere virtutem aliquam influentiam deinceps perseverantem et agentem in obiectum longissime absens"* [até agora, porém, poupei-me à tarefa de apresentar um grande segredo: provar, de modo evidente, que existe no ser humano a energia de poder, pelo simples aceno da vontade e de sua fantasia, agir fora de si, exprimindo certa força e influência, que depois persiste, exercendo o seu efeito em um objeto a uma distância muito grande].

Pietro Pompanazzi também diz (*De incantationibus* [Do encantamento], edição de Basil, 1567, p. 44): *"Sic contingit tales esse homines, qui habeant eiusmodi vires in potentia, et per vim imaginativam et desiderativam cum actu operantur, talis virtus exit ad actum et afficit sanguinem et spiritum, quae per evaporationem petunt ad extra et producunt tales effectus*" [assim, ocorre que há pessoas que têm tais poderes sob o seu poder; e quando elas realmente agem através da força da sua imaginação e desejo, essa força começa a agir e a excitar o sangue e o espírito; pela expiração, tais forças anseiam para fora e produzem tais efeitos].

Explicações muito notáveis desse tipo foram dadas por *Jane Leade*, uma aluna de *Pordage*, teósofa mística e visionária dos tempos de Cromwell, na Inglaterra. Seu caminho até a magia é bastante particular. *Jane Leade* tem também o traço fundamental que caracteriza de modo fundamental todos os místicos, a saber, ensinar a unificação de seu próprio si mesmo com o deus de sua religião. Só que nela, contudo, como consequência da unificação da vontade humana com a divina, aquela, participando também da onipotência desta, alcança, com isso, poder mágico. O que, portanto, outros mágicos acreditam dever à aliança com o diabo, ela atribui à sua unificação com seu Deus: sua magia é, portanto, uma magia branca em sentido eminente. Para falar a verdade, na prática e no resultado, isso não faz nenhuma diferença. Ela é reservada e misteriosa, como era necessário na sua época: mas se vê que com ela a coisa não surgiu só de um corolário teórico, mas de conhecimentos ou experiências alternativas. A principal passagem está em seu *Offenbarung der Offenbarungen* [*Revelação das revelações*], tradução para o alemão, Amsterdã 1695, da p. 126 a 151, especialmente nas páginas intituladas "do poder da vontade serena". *Horst* indica desse livro, em sua biblioteca da magia (vol. 1, p. 325), as seguintes passagens que, contudo, valem mais como um resumo do que uma citação literal (esp. p. 119, §87-88): "A força mágica põe quem a possui na condição de dominar e renovar a criação, ou seja, o reino vegetal, animal e mineral; de modo que, se *muitos* cooperam em *uma* força mágica, a natureza poderia ser recriada de modo paradisíaco. [...] Como chegamos a essa força mágica? Com um novo nascimento pela crença, ou seja, pela concordância entre nossa *vontade* com a *vontade* divina. Pois a crença submete o mundo a nós, na medida em que a concordância de nossa *vontade* com a divina tem como consequência que tudo, como diz Paulo, seja nosso e deva nos obedecer". Isso foi *Horst*. Na p. 131 da obra de J. Leade em questão, ela explica que Cristo executou seus milagres pelo poder de sua vontade, ao dizer ao leproso: "'Eu *quero*, seja purificado'. Por vezes, porém, se punha a depender da vontade daqueles que ele percebia que tinham sua crença nele, ao dizer-lhes: 'o que *quereis* que eu vos deva fazer?', tendo então efeito para o que lhes era melhor não menos do que demandaram que o Senhor fizesse para eles em sua vontade. Essas palavras de nosso Salvador merecem ser bastante observada por nós, pois a *mais elevada de todas as magias reside na vontade*, ao estar em união com a vontade do Altíssimo*:* quando essas duas rodas vão ao encontro uma da outra e, por assim dizer, se tornam uma, então elas são" etc. – Na p. 132, ela diz: "pois, o que poderia resistir a uma vontade unida com a vontade de Deus? Uma tal vontade fica com tanto poder que efetua sempre seu propósito. Não é *nenhuma vontade nua*, que carece de suas vestes, de sua força, mas leva consigo uma onipotência insuperável, pelo que pode extirpar e plantar, matar ou dar vida, atar e desatar, curar e estragar, poder este que será todo concentrado e sintetizado na vontade régia, ingênua, e que devemos alcançar o conhecimento depois que nos fizermos um com o Espírito Santo ou estivermos unidos a Ele em espírito e essência". Na p. 133, está assim: "temos que extinguir, afogar ou abafar as muitas e variadas vontades nascidas da essência misturada das almas, e perdê-las nas profundezas abismais, pelo que, então, brotará a *vontade virgem* e se distinguirá, a que nunca foi serva de coisa alguma que pertencesse ao humano degenerado, mas, totalmente livre e pura, está em conexão com a força onipotente e gerará infalivelmente frutos e consequências igualmente semelhantes, [...] pelo que a *magia* inflama o óleo ardente do Espírito Santo com suas centelhas que lhe atira".

Jakob Böhme também fala da magia exatamente no mesmo sentido aqui exposto em sua *Erklärung von sechs Punkten* [Explicação de seis pontos], no ponto V. Entre outras coisas, diz que: "a magia é a mãe da essência de todos os seres [*Wesens aller Wesen*]: pois ela se faz a si mesma, e se entende no *anelo*. – A magia direita não é um ser [*Wesen*], mas o *espírito anelante* do ser [*Wesen*]. – *In summa*: Magia é a ação no espírito-*vontade*".

Como confirmação, ou, de qualquer maneira, explicação da opinião exposta da vontade como o agente verdadeiro da magia, queira encontrar lugar aqui uma curiosa e curiosa anedota de *Avicenna* recontada por Campanella, no *De sensu rerum et magia*, livro IV, cap. 18: "*Mulieres quaedam condixerunt, ut irent animi gratia in viridarium. Una earum non ivit. Ceterae colludentes arangium acceperunt et perforabant eum stilis acutis, dicentes: ita perforamus mulierem talem, quae nobiscum venire detrectavit, et, projecto arangio intra fontem, abierunt. Postmodum mulierem illam dolentem invenerunt, quod se transfigi quasi clavis acutis sentiret, ab ea hora, qua arangium ceterae perforarunt: et cruciata est valde donec arangii, elavos extraxerunt imprecantes bona et salutem*" [algumas mulheres tinham combinado ir a um jardim de prazes para se divertirem. Uma delas não compareceu. As outras, por brincadeira, pegaram uma laranja e a perfuraram com agulhas afiadas, dizendo: "é assim que perfuramos a mulher que se recusou a ir conosco"; depois, atiraram a laranja em um poço e se foram. Encontraram então esta mulher com dores, sentindo que estava a ser perfurada por agulhas afiadas desde a hora em que as outras haviam perfurado a laranja; e assim foi torturada até que as outras retiraram as agulhas da laranja e lhe desejaram saúde e tudo de bom].

Krusenstern oferece, em sua *Reise um die Welt* [Viagem ao redor do mundo], edição em 12 volumes, 1812, parte I, p. 249 e subsequentes[72], uma

---

72. De fato, Krusenstern diz: "Uma crença geral na bruxaria, vista como muito importante por todos os habitantes da

descrição muito curiosa e precisa de uma magia mortífera que os sacerdotes dos selvagens praticam na ilha de Nuku Hiva, supostamente com sucesso, e cujo procedimento é inteiramente análogo aos de nossas curas por simpatias. – Ela é especialmente notável, uma vez que aqui a coisa, longe de qualquer tradição europeia, ainda assim surge como sendo completamente a mesma. A saber, comparando-o com o que, no *Archiv für tierischen Magnetismus* [Arquivo de magnetismo animal] de Kieser (vol. 9, parte I, p. 128-132n.), *Bende Bendsen* conta sobre dores de cabeça que ele mesmo causou, por feitiço, em um outro pelo seu cabelo cortado, nota que ele finaliza com estas palavras: "a assim chamada arte da bruxaria, tanto quanto pude experimentá-la, não consiste em nada mais

---

ilha, me parece ter alguma relação com sua religião, pois são apenas os sacerdotes quem, pelo que dizem, dominam essa magia, embora alguns do povo também possam pretender dominar o segredo, provavelmente para se fazerem de temíveis e poder extorquir presentes. Essa magia, que eles chamam de *kaha*, consiste em matar de uma maneira lenta alguém a que se tem rancor; vinte dias é o prazo determinado para que isso aconteça. É desse modo que isso se põe em obra aqui. Quem quiser exercer sua vingança pela magia, tenta conseguir de alguma maneira saliva, urina ou excremento de seu inimigo. Mistura isso, então, com um pó, coloca essa mistura em uma bolsa tecida de uma maneira especial e a enterra. O segredo mais importante está na arte de tecer corretamente a bolsa, e no preparo do pó. Assim que a bolsa for enterrada, começam a aparecer os efeitos em quem a magia foi colocada. Ele fica doente, ficando dia a dia cada vez mais debilitado, perdendo, finalmente, sua força e, depois de vinte dias certamente morrerá. Se, em contrapartida, tentar evitar a vingança de seu inimigo e comprando sua vida com um porco ou algum outro presente importante, ele pode se salvar até mesmo no décimo nono dia, e, tão logo a bolsa seja desenterrada, os sintomas da doença são imediatamente suspensos. Ele se recupera paulatinamente e, após alguns dias, está completamente restituído" (3. ed., acréscimo).

do que a preparação e aplicação de meios com efeitos nocivos, magnéticos, combinados com um *efeito mau da vontade*: isso é a desagradável união com o satã".

A concordância entre todos esses escritores, tanto entre si, quanto com as convicções a que, na Modernidade, o magnetismo animal levou, e com aquilo que, por fim, poderia seguir a esse respeito da minha doutrina especulativa, é, com efeito, verdadeiramente um fenômeno a se notar bastante. Muito certo é que em todas as tentativas de magia jamais existentes, tenham obtido, pois, sucesso ou não, subjaz uma antecipação de minha metafísica, na medida em que nelas se enunciava a consciência de que a lei da causalidade enlaça meramente as aparições, permanecendo, contudo, a essência em si das coisas independente dela, e que, se for possível um efeito *imediato* a partir dela, ou seja, do interior, na natureza, um tal efeito só poderia ser consumado pela própria *vontade*. Caso se queira, contudo, posicionar a magia, segundo a classificação de Bacon, como a metafísica prática, então seria certo que essa metafísica teórica que esteja em uma relação correta com ela não poderia ser nenhuma outra do que minha redução do mundo em vontade e representação.

O fervor cruel com o qual a igreja, em todos os tempos, perseguiu a magia e do qual o *Malleus maleficarum* papal oferece um testemunho terrível, não parece se basear apenas nos propósitos criminosos que com frequência se unia à magia, nem ao pressuposto papel do diabo nisso, mas em parte proceder de um presságio e inquietação obscuros de que a magia aloca a força primeva de volta na sua fonte correta, enquanto a igreja teria apontado o lugar dessa força fora da natureza[73]. Essa conjectura encontra sua confirmação no ódio do clero inglês, tão prevenido, contra o magnetismo animal[74], assim como também em seu fervor vivaz contra as sessões espíritas, em todo caso inofensivas, contra as quais também, pelo mesmo motivo, na França e até na Alemanha, o clero não se absteve de lançar seu anátema[75].

---

[73]. Eles farejam assim algo do "*Nos habitat, non tartara, sed nec sidera caeli: Spiritus, in nobis qui viget, illa facit.*" – No céu ele não vive, nem tampouco nos infernos: ele repousa em nós mesmos. O espírito que vive em nós o faz sozinho (Agrippa von Nettesheim, *Epistulae* 5, 14). Comparar com *Johann Beaumont: Historisch-physiologisch- und theologischer Traktat von Geistern, Erscheinungen, Hexereien und andern Zauber-Händeln* [Tratado histórico-fisiológico e teológico de espíritos, aparições, bruxarias e outras atividades mágicas], Halle im Magdeburgischen, 1721, p. 281 (acréscimo à 3. ed.).

[74]. Comparar com *Parerga*, vol. 1, p. 257 (2. ed., vol. 1, p. 286).

[75]. Em 4 de agosto de 1856, a inquisição romana promulgou uma circular a todos os bispos em que os intimava, em nome da igreja, a trabalhar com todas as suas x contra a prática do magnetismo animal. Os motivos para isso são dados com sobressalente falta de clareza e de determinação, seguindo uma mentira atrás da outra, de modo que se percebe que o Santo Ofício não quer trazer à tona o motivo verdadeiro (A circular foi impressa em dezembro de 1856 no *Jornal de Turim*, e, em seguida, no francês *Univers*, seguindo para o *Journal des Débats*, 3 de janeiro de 1857) (acréscimo à 3. ed.).

Sinologia

Nada fala imediatamente tão a favor do alto nível da civilização da China do que o vigor, quase incrível, de sua população que, segundo dados de Gützlaff, é estimada agora em 367 milhões de habitantes[76]. Pois, querendo comparar tempos ou países, vemos, na maioria, a civilização manter o mesmo passo com a população.

O fervor importunador dos missionários jesuítas dos séculos XVII e XVIII de aportar sua própria doutrina de fé, comparativa nova, a tal povo antiquíssimo, junto da ambição vã de buscar nele resquícios antigos dessa fé, não os levou a serem fundamentalmente ensinados das doutrinas que dominavam ali. Por isso, a Europa obteve só em nossos dias algum conhecimento da situação religiosa na China. Sabemos, nomeadamente, que há, antes de tudo, um culto nacional

---

76. Segundo um censo oficial chinês impresso em Pequim, encontrado em 1857 no palácio do governo chinês invadido pelos ingleses, a China, em 1852, tinha *396 milhões* de habitantes e podem se supor que com o crescimento contínuo, sejam 400 milhões agora. – O *Moniteur de la flotte* relatou isso no final de maio de 1857. – Segundo os registros da missão espiritual russa em Pequim, a contagem oficial de 1842, a população da China resultou em 414.687.000.

Segundo as tabelas oficiais publicadas em Pequim pela delegação russa, a população totaliza em 1849 *415 milhões* (*Postzeitung*, 1858) (3. ed., acréscimo).

da natureza ao qual todos aclamam, e que provém dos tempos mais primevos, supostamente de um tempo em que o fogo ainda não havia sido descoberto, motivo pelo qual os animais eram oferecidos crus nos sacrifícios. Pertence a esse culto os sacrifícios que o imperador e os grandes dignatários ofereciam publicamente, em determinados períodos, ou após grandes acontecimentos. São dedicados sobretudo ao céu azul e à Terra, aquele no solstício de inverno, este no de verão, a todas as potências possíveis da natureza, como o oceano, as montanhas, os rios, os ventos, o trovão, a chuva, o fogo etc., e cada uma delas é dirigida por um gênio que tem numerosos templos: em contrapartida, também toda província, cidade, vilarejo, rua e mesmo cada túmulo familiar, por vezes até a adega de um comerciante, são dirigidos por um gênio, aos últimos, claro, se dedicam apenas cultos privados. Contudo, os públicos são, além disso, ofertados aos grandes imperadores de outros tempos, aos fundadores das dinastias, assim como aos heróis, ou seja, a todos aqueles que, por sua doutrina ou ação, se tornaram benfeitores da humanidade (chinesa). Também eles têm templos: só Confúcio tem 1650 deles. Por isso, portanto, tantos pequenos templos por toda a China. A esses cultos dos heróis se ata o culto privado que cada família honrada oferta a seus antepassados, sobre suas sepulturas. – Fora desse culto mais geral à natureza e aos heróis, então, e em um intuito dogmático, há na China três doutrinas religiosas.

Primeiramente, o *Tao te* fundado por *Lao-Tze*, um antigo contemporâneo de Confúcio. É uma doutrina da razão na condição de ordem interior do mundo, ou de princípio intrínseco de todas as coisas, o grande um, a viga mestra (*taiki*) elevada que suporta todo o caibro do telhado e, ainda assim, fica acima dele (autenticamente a alma do mundo que permeia a tudo), e do *Tao*, ou seja, o *caminho*, a saber, à salvação, ou seja, à redenção do mundo e de sua miséria. Uma exposição dessa doutrina nos oferece, desde sua fonte, *Stanislas Julien* no ano de 1842 na tradução do *Tao Te Ching* de *Lao-tze*: deduzimos dela que o sentido e o espírito da doutrina taoísta concordam completamente com os do budismo. Todavia, essa seita parece agora ficar mais no pano de fundo e seus mestres, os taoístas, em menosprezo. – Em segundo lugar, encontramos a sabedoria de Confúcio, ao qual são especialmente devotos os eruditos e homens de Estado: julgando pelas traduções, uma filosofia moral ampla, trivial e preponderantemente política, sem metafísica para sustentá-la, e que tem algo muito especificamente insípido e entediante em si. – Finalmente, para a grande massa da nação, existe a sublime e terna doutrina de Buda, cujo nome, ou melhor, título, é pronunciado na China *Fo* ou *Fu*, enquanto, entre os tártaros, o Vitoriosamente-Perfeito é chamado mais pelo seu nome de família, Sakyamuni, mas também Burkhan-Bakshi entre os birmanenses e, no Ceilão, geralmente Gautama, também Tatagata, mas se chamava originalmente príncipe Siddharta[77].

---

77. Em prol dos que querem instruir-se com um conhecimento mais detalhado do budismo, quero aqui, da sua literatura em línguas europeias, enumerar os textos, que eu realmente posso recomendar, já que eu os possuo e estou familiarizado com eles: alguns outros, como os de Hodgson e de A. Remusat, deixo de fora de propósito. 1. *Dsanglun, oder der Weise und der Tor* [Dsanglun, ou o sábio e o tolo], edição bilíngue em tibetano e alemão, de J. J. Schmidt, São Petersburgo, 1843, 2 vols., 4 tomos, contêm, no prólogo do primeiro volume, ou seja, nas p. XXXI a XXXVIII do volume tibetano, um esboço bastante curto, mas primoroso, de toda a doutrina, muito apropriado para a primeira aproximação: todo o livro também é recomendável, como parte da *Kanschur* (os livros canônicos). – 2. Pode-se encontrar, do mesmo autor, primoroso, diversas conferências dadas em alemão sobre o budismo na Academia de São Petersburgo entre os anos de 1829 e 1832 e algumas mais tarde, nos volumes correspondentes dos anais dessa academia. Dado serem especialmente valiosos para o conhecimento dessa religião, seria sumamente desejável que fossem publicadas reunidas na Alemanha. – 3. Do mesmo autor: *Forschungen über die Tibeter und Mongolen* [Pesquisas sobre os tibetanos e mongóis], São Petersburgo, 1824. – 4. Do mesmo autor: *Über die Verwandtschaft der gnostisch-theosophischen Lehren mit dem Buddhaismums* [Sobre o parentesco das doutrinas gnóstico-teosóficas e o budismo], 1828. – 5. Do mesmo autor: *Geschichte der Ost-Mongolen* [História dos mongóis orientais] (São Petersburgo, 1829, vol. 4) [é muito instrutivo, sobretudo nos debates e no apêndice, que fornecem longos trechos de textos religiosos em que muitas passagens apresentam de maneira clara o sentido profundo do budismo e respiram seu verdadeiro espírito]; 6. Dois ensaios de *Schiefner*, em alemão, nas *Mélanges Asiat. Tirés du Bulletin histórico-philol. De lácade. De St. Pétersb.* (vol. 1, 1851). – 7. A viagem de Samuel Turner na corte de Tesho Lama (a.d.E., 1801). – 8. Bochinger, *La vie ascétique chez les Indous et les Bouddhistes* [A via ascética entre os Indus e os budistas], Strasb., 1831. – 9. No sétimo volume do *Journal Asiatique*, 1825, uma biografia sobremaneira bela de Buda pelo *Deshaureayes*. – 10. Burnouf, *Introd. À l'.hist. . du Buddhisme* [Introdução à história do budismo], vol. 1, 4, 1844. – 11. Rgya Tsher Rolpa, trad. do tibetano de Foucaux , 1848, 4. Esse é Lalitavistara, ou seja, a vida de Buda, o evangelho do budismo. – 12. Foe Koeue Ki, *Relation des royaumes Bouddhiques* [Relação com os reis budistas], trad. do chinês ao russo de Bitchourin, e do russo ao francês de Klaproth, 1831. – 14) Klaproth, *Fragments Bouddhiques, aus dem noveau Journ. Asiat.* [Fragmentos budistas da nova Revista Asiática], março de 1831, impressão especial. – 15. Spiegel, *de officiis*

Essa religião, que tanto devido à sua excelência e verdade, quanto devido ao número preponderante de seus adeptos, deve ser considerada como a mais proeminente na Terra, domina na maior parte da Ásia e conta, segundo Spence Hardy, o mais recente pesquisador, com 369 milhões de adeptos, ou seja, de longe mais do que qualquer outra. – Essas três religiões chinesas, a mais difundida delas o budismo, que se sustêm sem o apoio do Estado, o que fala bastante em seu favor, apenas por sua própria força, estão muito longe de se hostilizarem, se mantendo, ao contrário, pacificamente lado a lado; tendo, até, talvez por influência mútua, certa concordância umas com as outras; de tal modo que existe até mesmo uma expressão proverbial de que "as três doutrinas são

---

sacerdotum Buddhicorum,, Palice et latine, 1841. – 16. Id., *anecdota Palica*, 1845. – (17. Dhammapadam, *Palice edidit et latine vertit*, Fausböll, Havniae, 1855, 3. ed., acréscimo). – 18. *Asiatic researches*, vol. 6 Buchanan, On the religion of the Burmas e vol. 20, Calcutta, 1839, parte 2, contém três ensaios muito importantes de *Csoma Körösi* que contêm análises de livros do Kanjur. – 19. Sangermano, *The Burmese Empire* [O império birmanês], Roma, 1833. – 20. Turnour, *The Mahawanzo*, Ceilão, 1836. – 21. Upham, *The Mahavansi*. Raja Ratnacari et Rajavali, 3 vol., 1833. – 22. *Ejusd. Doctrine of Buddhism*, 1829-30. – 23. Spence Hardy, *Eastern monachism*, 1850. – 24. Ejusd. *Manuel of Buddhism*, 1853. Estes dois excelentes livros, escritos após uma estadia de dois anos no Ceilão e a instrução oral dada pelos sacerdotes locais, mais do que qualquer outro, deram-me mais acesso e compreensão sobre a parte mais íntima do dogma budista. Eles merecem ser traduzidos para o alemão, mas sem serem abreviados, pois de outra forma o melhor poderia ser facilmente omitido. – C. F. Köppen, *Die Religion des Buddha* [A religião do Buda], 1857, um compêndio completo do Budismo, extraído com grande erudição, diligência sincera e também com compreensão e perspicácia de todos os escritos aqui mencionados e de muitos outros, contendo todos os seus elementos essenciais. – 26. *Leben des Buddha* [A vida de Buda], traduzido do chinês por *Palladji*, no arquivo para o conhecimento científico da Rússia, editado por Erman, vol. 15, caderno I, 1856 (3. ed., acréscimo).

uma só". O imperador enquanto tal é adepto das três: muitos imperadores, contudo, até os tempos mais recentes, foram especialmente devotos ao budismo; testemunhando isso também a profunda veneração perante o Dalai-Lama e até mesmo o Teshu-Lama, reconheciam inegavelmente sua precedência. – Essas três religiões não são, em seu conjunto, nem monoteístas, nem politeístas, e, ao menos o budismo não é nem mesmo panteísta, uma vez que Buda não considerou como uma teofania um mundo submerso em pecado e sofrimento cujos seres, todos subjugados à morte, subsistem um breve instante na medida em que devoram uns aos outros. Em geral, a palavra panteísmo contém, na verdade, uma contradição, designando um conceito que suprime a si mesmo, e que, portanto, jamais foi tomado pelos que entendem a sério de outra maneira do que como, pois, uma expressão polida; por isso também, jamais ocorreu aos filósofos espirituosos e perspicazes do século passado não tomar Espinosa por um ateísta por este chamar o mundo de *Deus*: ao contrário, coube aos filósofos de diversão de nossa época, que não conhecem nada além de palavras, a descoberta de que ele não o era, até mesmo se orgulhando disso e falam, então, de acosmismo: esses gaiatos! Eu, porém, despretensiosamente gostaria de aconselhar a deixar as palavras com seu significado, e utilizar também uma outra palavra quando se referir a uma outra coisa, ou seja, chamar o mundo de mundo e os deuses de deuses.

Os europeus que procuravam obter informações do estado da religião na China começaram, como é comum e antigamente os gregos e romanos também fizeram em relações análogas, primeiro nos pontos de contato com suas próprias crenças nativas. Uma vez, então, que, em seu modo de pensar, o conceito da religião quase se identifica com o de teísmo ou ao menos cresceram tão ligados que não se pode facilmente separá-los um do outro; e que, além disso, na Europa, antes que se tivesse conhecimento mais preciso da Ásia, difundiu-se, com fim do argumento e do *consensu gentium* [do consenso dos povos], a opinião bastante equivocada de que todos os povos da Terra venerariam ao menos um deus superior[78], e uma vez que estavam em um país em que viam templos, sacerdotes e mosteiros em abundância e costumes religiosos em exercício frequente, partiram do pressuposto fixo de que teriam que encontrar aqui também o teísmo, mesmo que em uma forma bastante estranha. Depois de terem, contudo, frustrado suas expectativas, tendo visto e descoberto que não se tinha um conceito para as mesmas coisas, que não tinham mesmo nenhuma palavra para expressá-las, fora natural que, segundo o espírito em que empreenderam suas investigações, suas primeiras notícias dessas religiões consistissem mais naquilo que elas não continham do que em seu conteúdo positivo, no qual deveria ser difícil, por diversos motivos, para as cabeças

---

[78]. o que não é diferente da alegação dos chineses de que todos os príncipes do mundo seriam tributários do seu imperador (3. ed., acréscimo).

europeias se orientar bem, já porque, por exemplo, foram criadas no otimismo, enquanto lá, ao contrário, a própria existência é vista como um mal, e o mundo como um cenário de lamúria, no qual seria melhor não se estar; além disso, devido ao idealismo essencial, decisivo, ao budismo, assim como ao hinduísmo, um ponto de vista que na Europa era conhecido apenas como um paradoxo, que mal deveria ser pensado a sério, de alguns filósofos abnormais, tendo sido, contudo, assimilado na Ásia na crença popular, uma vez que vale de maneira geral no Indostão como doutrina de *Maia* e, no Tibet, a sede da igreja budista, é até mesmo recitado de modo extraordinariamente popular na exibição, em uma grande festividade, de uma comédia religiosa que apresenta o Dalai-Lama em controvérsia com o arquidiabo: aquele defende o idealismo, este, o realismo, dizendo, entre outras coisas: "o que é percebido pelas cinco fontes de todo o conhecimento (os sentidos), não é ilusão, e não é verdadeiro o que ensinais". Depois de longo debate, a coisa finalmente é decidida no lance de dados: o realista, ou seja, o diabo, perde, sendo escorraçado com escárnio geral[79]. Tendo diante dos olhos essas diferenças fundamentais no modo de pensar como um todo, se considerará perdoável, até mesmo natural, que os europeus, ao pesquisarem sobre as religiões asiáticas, terem

---

79. *Déscriptio du Tubet* [Descrição do Tibet], trad. do chinês ao russo por Bitchourin e do russo ao francês por Klaproth, Paris 1831, p. 65 – também no *Asiatic Journal, new series*, vol. 1. p. 15 (Köppen, *Die Lamaische Hierarchie* [A hierarquia lamaica], p. 315 – 3. ed., acréscimo).

permanecido primeiramente nos pontos de vista negativos, autenticamente estranhos da coisa, pelo que encontramos uma porção de manifestações sobre elas, conhecimento positivo que as promovem, contudo, nenhum, acabando todas por afirmar que, em geral, o monoteísmo é estrangeiro aos budistas e chineses – evidentemente, uma doutrina exclusivamente judia. Por exemplo, nas *Lettres édifiantes* [Cartas edificantes] (edição de 1819, vol. 8, p. 46), está assim: "os budistas, cuja concepção de transmigração das almas é aceita em geral, são acusados de ateísmo" e nas *Asiatic researches* [Pesquisas asiáticas], vol. 6, p. 255: "a religião dos birmanenses (ou seja, o budismo) mostra-nos eles como uma nação que já está muito avançada além da crueza do estado selvagem e que, em todas as atividades da vida é fortemente influenciada pelas orientações religiosas, ainda que, contudo, não tenha nenhum conhecimento de um ser supremo, criador e mantenedor do mundo. No entanto, o sistema moral exortado em suas fábulas é talvez tão bom quanto qualquer um daqueles pregados pelas doutrinas religiosas que dominam na espécie humana". – Idem, p. 258: "os seguidores de Gautama (ou seja, Buda) são, empregando a palavra precisa, ateístas". Idem, p. 180: "a seita de Gautama tem como a irreligiosidade (*impious*) suprema a crença em um ser divino que criou o mundo". Idem, p. 268, Buchanan menciona que, em um ensaio sobre sua religião dado a um bispo católico, o Zarado, ou o sacerdote supremo dos budistas em Ava, Atuli, "contava, entre as seis heresias condenáveis, também a doutrina de que existiria um ser que teria criado o mundo e todas as coisas no mundo, sendo o único digno de ser cultuado". Exatamente a mesma coisa relata *Sangermano*, em sua *Description of the Burmese Empire* [Descrição do Império birmanês], Roma, 1833, p. 81, encerrando a citação das seis heresias graves com as seguintes palavras: "o último desses impostores ensinava que havia um ser supremo, o criador do mundo e de todas as coisas que havia nele, e que somente ele seria digno de adoração" (*the last of these impostors taught that there exists a Supreme Being, the Creator of the world and all things in it, and that he alone is worthy of adoration*). Colebrooke também diz, em seu *Essay on the Philosophy of the Hindus* [Ensaio sobre a filosofia hindu] (p. 236), que pode ser encontrado nas *Transactions of the Royal Asiatic Society* [Transações da sociedade real asiática], p. 236, e também impresso em seus *Miscellaneous essays* [Ensaios diversos]: "os jainistas e os budistas são realmente ateístas, uma vez que não reconhecem nenhum criador do mundo ou providência suprema que o rege". A mesma coisa diz J. J. Schmidt, em suas *Forschungen über Mongolen und Tibeter* [Pesquisas sobre mongóis e tibetanos], p. 180: "o sistema do budismo não conhece um ser divino único, eterno, incriado que existia antes de todos os tempos e que criou tudo que é visível e invisível: essa ideia lhes é totalmente estranha, e não se encontra nenhum vestígio dela nos livros budistas". – Não menos vemos o erudito sinólogo *Morrison*, em seu Chinese Dictionary [Dicionário chinês], Macau, 1815-16, vol. 1, p. 217, se esforçar em encontrar vestígios nos dogmas chineses de um Deus e pronto para interpretar tudo que pareça apontar para isso da forma mais favorável possível, tendo, contudo, de reconhecer, por fim, que nada do tipo pode ser encontrado ali de maneira clara. Nas páginas 168 e seguinte da mesma obra, explicando as palavras *tung* e *tsing*, ou seja, movimento e repouso, como sendo aquilo em que repousa a cosmogonia chinesa, retoma essa investigação, concluindo-a com as palavras: "talvez seja impossível absolver esse sistema da acusação de ateísmo". – Mais recentemente, *Upham* também diz, em sua *History and Doctrine of Buddhism* [História e doutrina do budismo] (Londres, 1829, p. 102): "O budismo nos apresenta um mundo sem um regente moral, guia ou criador". O sinólogo alemão *Neumann* também diz em seu tratado que indicarei com detalhes adiante: "na China, em cuja língua nem os maometanos nem os cristãos encontraram uma palavra para designar o conceito teológico de divindade. [...] As palavras deus, alma, espírito, como algo independente da matéria e que a domina de maneira arbitrária é completamente desconhecida da língua chinesa. [...] Esse modo de pensar cresceu tão entranhado com a própria língua que é impossível traduzir ao chinês o primeiro versículo do Gênesis sem uma extensa paráfrase, de tal modo que soe realmente chinês" (p. 10-11). Justamente por isso, Sir George Staunton publicou um livro em 1848 entitulado: *Uma investigação sobre a maneira adequada de expressar a palavra* Deus *nas traduções das Sagradas Escrituras* ao chinês (*An inquiry into the proper mode of rendering the word God in translating the Sacred Scriptures into the Chinese language)*[80].

Quis, com essa discussão e citações, apenas introduzir e tornar mais compreensível a passagem supremamente curiosa – e compartilhá-la é o fim do presente capítulo – ao apresentar ao leitor o ponto de vista a partir do qual tais investigações ocorreram e esclarecer, com isso, a relação dele com seu objeto. Como já aludido, na medida em que os europeus estiveram pesquisando na China seguindo o percurso e o sentido acimas mencionados e direcionaram suas questões sempre ao princípio supremo de todas as coisas, ao poder que rege o mundo e assim por diante, se lhes foi indicado com frequência àquilo que é designado com a palavra *tien* (em inglês: *t'hëen*). O significado mais próximo dessa palavra é, pois, "céu",

---

[80]. Esta manifestação de um marinheiro americano acabado de chegar no Japão é engraçada pela ingenuidade com a qual pressupõe que a humanidade deveria consistir puramente de judeus. O *The Times* de 18 de outubro de 1854 relata que, a saber, um navio americano comandado pelo Capitão Burr chegou a Edo, no Japão, e conta a história de sua agradável recepção. Até que no final, diz: "*He likewise asserts the Japanese to be a nation of atheists, denying the existence of a God and selecting as an object of worship either the spiritual Emperor at Meaco [Quioto], or any other Japanese. He was told by the interpreters that formerly their religion was similar to that of China, but that the belief in a supreme Being has latterly been entirely discarded* (há um equívoco aqui) *and they professed to be much shocked at Deejunokee* (um japonês parcialmente americanizado) *declaring his belief in the Deity*" [Ele afirmou, igualmente, que os japoneses *eram uma nação de ateístas*, que negavam a existência de um Deus e que escolhiam, como objeto de culto, ou o imperador em Quioto ou qualquer outro japonês. Foi-lhe contato pelos intérpretes que formalmente a religião deles era similar à da China, mas que a crença em um ser supremo fora posteriormente descartada por completo e demonstravam estarem muito chocados que Deejunoskke declarava sua crença na divindade] (3. ed., acréscimo).

como indica Morrison também em seu dicionário. Mas, é bastante sabido que pode ser utilizado em sentido figurado e, então, assumir um sentido metafísico. Já nas *Lettres édifiantes* [Cartas edificantes] (edição de 1819, vol. 11, p. 461) encontramos uma explicação sobre esse uso: "*Hing-tien* é o céu material e visível; *Chin-tien* o espiritual e invisível". Sonnerat também diz, em sua *Reise nach Ostindien und China* [Viagem à Índia Oriental e à China]: "quando os jesuítas discutiram com os outros missionários se a palavra *Tien* significava céu ou Deus, os chineses consideraram esses estrangeiros como um povo irrequieto e os enxotaram até Macau" (livro 4, cap. 1). De todo modo, os europeus puderam, a princípio, alimentar a expectativa de que com essa palavra estariam no encalço dos vestígios da analogia que buscavam de maneira tão perseverada entre a metafísica chinesa e sua própria crença, e são investigações como essa que, sem dúvida, levaram ao resultado que encontramos publicado em um ensaio intitulado "Chinesische Schöpfungstheorie" [Teoria chinesa da criação], que pode ser encontrado no *Asiatic Journal*, vol. 22, ano 1826. Sobre o *Tchu-fu-tse* mencionado ali, também chamado de *Tchu-hi*, noto que ele viveu no século XII de nosso calendário e que é o erudito chinês mais renomado de todos por ter reunido e sistematizado toda a sabedoria dos antecessores. Sua obra é a base do ensino chinês atual e sua autoridade é do mais alto peso. No lugar mencionado, se diz:

"Pode parecer que a palavra *tien* designe 'o supremo entre os grandes' ou 'acima de tudo o que é grande na Terra': no entanto, no uso linguístico, a indeterminação de seu significado é incomparavelmente maior do que o da expressão *céu* nas línguas europeias. [...] Tchu-fu-tse diz: 'que no céu tenha *uma pessoa humana* (ou seja, um ser sábio) que julgue e decida sobre crimes é algo completamente impossível de ser dito; mas, em contrapartida, também é impossível ser afirmado que não haveria nada que exercesse um controle supremo sobre essas coisas'. [...] O mesmo autor, ao ser questionado sobre o *coração celestial*, se seria cognoscente, ou não, respondeu: 'não se pode dizer que o espírito da natureza não seria inteligente; mas não tem nenhuma semelhança com o pensamento humano'. [...] Segundo uma de suas autoridades, o governante ou soberano (tchu) é denominado *tien* devido ao conceito do poder supremo, e o outro se expressou do seguinte modo sobre isso: 'se o céu (tien) não tivesse nenhum espírito dotado de intencionalidade, isso levaria a que nascesse um cavalo da vaca e a que tivesse flores de pera num pessegueiro' – por outro lado, foi dito *que seria preciso deduzir o espírito celestial daquilo que é a vontade do gênero humano!*" (p. 41-42) (Com o ponto de exclamação, o tradutor inglês quis expressar seu espanto). Reproduzo o texto:

"*The word t'hëen would seem to denote 'the highest of the great' or 'above all what is great on earth': but in practice its vagueness of signification is beyond all comparison greater, than that of the term Heaven in European languages. [...] Choo-foo-tze tells us that, to affirm, that heaven has a man (i.e. a sapient being) there to judge and determine crimes, should not by any means be said; nor, on the other hand, must it be affirmed that there is nothing at all to exercise a supreme control over these things. [...] The same author being asked about the heart of heaven, whether it was intelligent or not, answered: it must not be said that the mind of nature is unintelligent, but it does not resemble the cogitations of man [...] According to one of their authorities, t'hëen is called ruler or sovereign (choo), from the idea of the supreme control, and another expresses himself thus: "had heaven (t'hëen) no designing mind, then it must happen, that the cow might bring forth a horse, and on the peach-tree be produced the blossom of the pear". On the other hand it is said, that the mind of Heaven is deducible from what is the will of mankind!"*

A concordância dessa última conclusão com a minha doutrina é tão ostensiva e surpreendente que, não tivesse essa passagem sido impressa oito anos completos depois de minha obra, não estaria errado afirmar que eu teria tomado dela meu pensamento fundamental. Pois se sabe bem que as principais defesas contra pensamentos novos são estas três: não tomar conhecimento, não deixar valer e, finalmente, afirmar que já existiam há tempos. Mas a independência de meu pensamento fundamental dessa autoridade chinesa é certa pelo seguinte motivo: pois espero que se acredite em mim quando afirmo que não sou versado na língua chinesa, e, consequentemente, não estou em condições de tirar pensamentos para uso próprio de obras originais chinesas, que aos outros é desconhecida. Pesquisando um pouco mais, apurei que muito provavelmente, quase certo, essa passagem citada foi retirada do *Chinesischem Wörterbuch*, a qual pode ser encontrada sob o signo *tien*: falta-me apenas a oportunidade de verificar isso[81]. – A *Zeitschrift für historische Theologie* [Revista de teologia histórica] (vol. 7, 1837) contém um artigo de *Neumann*, "Die Natur- und Religions-Philosophie der Chinesen, nach dem Werke des *Tschu-hi*" [A filosofia da natureza e da religião dos chineses, segundo a obra de *Tschu-hsi*] (p. 60-63), no qual incidem passagens que têm claramente uma fonte comum com as do *Asiatic Journal* aqui citadas. Mas foram redigidas com a impressão dos termos tão comum na Alemanha, impedindo o entendimento claro. Somado a isso, nota-se que esse tradutor do Tshu-hsi não compreendeu inteiramente seu texto, o que não gera uma censura, contudo, considerando a enorme dificuldade dessa língua para os europeus e a insuficiência dos recursos. Entrementes, não obtemos com ela o esclarecimento desejado. Temos, assim, que nos consolar com a esperança de que, no trânsito cada vez mais franco com a China, um inglês nos esclareça alguma vez, mais precisa e pormenorizadamente, o dogma acima relatado, lamentavelmente de maneira tão breve.

---

81. Segundo cartas de Doß de 26 de fevereiro e 8 de junho de 1857, as passagens aqui citadas estão no *Chinese Dictionary* [Dicionário chinês] de Morrison, Macau, 1815, vol. 1., p. 576, no Tëen, em uma ordem algo diferente, mas quase que com as mesmas palavras. Apenas a importante passagem final possui uma divergência, a saber: "*Heaven makes the mind of mankind its mind; in most ancient discussions respecting Heaven, its mind, or will, was* divined (e não *derived* [derivada]) *from what was the will of mankind*" [O céu faz da mente humana sua mente; na maioria das discussões antigas sobre o céu, sua mente, ou vontade, era *adivinhada* daquilo que era a vontade huamana]. –

Neumann traduziu a Doß a passagem, de maneira independente de Morrison, e seu final está assim: "é pelo coração do povo que o céu habitualmente se revela".

Indicação à ética

As confirmações das demais partes de minha obra estão descartadas, pelos motivos fornecidos na introdução, das minhas tarefas atuais. No entanto, seja-me concedido concluir com uma indicação bastante geral à *ética*.

Todos os povos sempre souberam que o mundo, além de seu significado físico, tem também um moral. Mas em toda parte se chegou apenas a uma consciência obscura da coisa, que se travestia, à procura de sua expressão, em diversas imagens e mitos. Estas são as religiões. Os filósofos, por sua vez, sempre estiveram empenhados em alcançar uma compreensão clara da coisa, e todos os seus sistemas, com exceção dos materialistas estritos, concordam, em toda sua diversidade sobre tudo o mais, que o mais importante, o unicamente essencial de toda existência, aquilo de que tudo depende, o sentido autêntico, o ponto de virada, seu ápice (*sit venia verbo* [se posso dizer]) reside na moralidade da ação humana. Mas voltam a discordar totalmente sobre o seu sentido, seu modo como, a possibilidade da coisa, tendo um abismo de escuridão diante de si. A consequência disso é que é fácil pregar a moral, difícil é fundamentá-la. Justamente porque tal ponto é verificado pela consciência moral, se torna pedra de toque dos sistemas: uma vez que se exige da metafísica, com razão, que ampare uma ética, surge então o difícil problema de, contra toda experiência, comprovar a ordenação física das coisas como dependente de uma moral, de encontrar um nexo entre a força que opera segundo as eternas leis da natureza, conferindo permanência ao mundo, e a moralidade no seio humano. Assim, até os melhores falharam aqui: *Espinosa* adere por vezes, mediante sofismas, a uma doutrina da virtude em seu panteísmo fatalista, com mais frequência, porém, deixa a moral completamente abandonada. *Kant*, depois de pôr fim a razão teórica, faz surgir como *deus ex machina* seu imperativo categórico, extraído dos meros conceitos[82], com um dever absoluto, e seu erro se tornou realmente claro quando *Fichte*, que sempre tomou o excesso como sendo superação, o expandiu, com o ancho e fastio wolffianos, em um sistema complexo do *fatalismo moral*, em seu *System der Sittenlehre* [Sistema da doutrina moral], expondo depois uma versão mais curta em seu último panfleto, *Die Wissenschaftslehre im allgemeinen Umrisse* [A doutrina da ciência em um esboço geral], 1810.

A partir desse ponto de vista, é inegável então que um sistema que coloque a realidade de toda a existência e a raiz da natureza como um todo na *vontade*, comprovando nela o coração do mundo, tem no mínimo um forte precedente a seu favor. Pois alcança, por via direta e simples, já até detendo em mãos antes mesmo de seguir para a ética, aquilo que os outros buscam alcançar só

---

82. Cf. *Tratado sobre o fundamento da moral*, § 6.

por desvios longos e sempre inconvenientes. Não é jamais, também, verdadeiramente alcançável senão mediante a noção de que a força pulsante que atua e surte efeito na natureza, apresentando ao nosso intelecto esse mundo perceptível, é idêntica com a vontade em nós. Apenas é amparo da ética real e imediatamente *a* metafísica que já é ela mesma originalmente ética, tendo sido construída da matéria da ética, a vontade; pelo que eu, com muito melhor direito do que Espinosa, poderia intitular "Ética" a minha metafísica, já que nele isso parece ser quase uma ironia, podendo-se afirmar que leva seu nome como *lucus a non lucendo* [chama bosque por não ser iluminado][83], já que só mediante sofismas pode anexar a moral a um sistema do qual jamais ela derivaria de maneira consequente: ele inclusive também a nega na maioria das vezes, com revoltante desfaçatez (p. ex., na *Ética IV*, prop. 37, esc. 2). De modo geral, atrevo-me a afirmar que um sistema filosófico nunca foi tão inteiramente lapidado como o meu, sem costuras nem remendos. É, como disse no seu prefácio, o desdobramento de um único pensamento, pelo que confirma novamente o antigo άπλους ό μυθος της αληθειας εφυ [assim simples é a palavra da verdade (Euripides, *As fenícias*, 469)]. – Então, ainda se deve levar em consideração aqui que liberdade e responsabilidade, os pilares de fundação de toda ética, sem o pressuposto da asseidade da vontade, afirmam-se apenas com palavras, mas não se

---

83. Expressão latina para caracterizar o nome de uma coisa por etimologia inversa, ou seja, por aquilo que ela não é: assim, o bosque [lucus] se chama bosque por não ser iluminado [lucendo], e a *Ética* de Espinosa se chamou ética, por não ser ética [N.T.].

deixam pensar de maneira alguma. Quem quiser contestar isso, tem que primeiro deitar por terra o axioma já levantado pelos escolásticos, *operari sequitur esse* [faz-se o que se é] (o seja, da qualidade de tal ser segue sua ação), ou atestar como falsa sua consequência *unde esse inde operari* [do que se é vem o que se faz]. Responsabilidade tem a liberdade como condição, esta, porém, a originalidade. Pois eu *quero* conforme *sou*: portanto, devo *ser* conforme eu *quero*. Ou seja, a asseidade da vontade é a primeira condição de uma ética pensada à sério, e Espinosa diz com razão: *ea res libera dicetur, quae ex sola suae naturae necessitate* existit, *et a se sola ad agendum determinatur* [Diga-se livre aquela coisa que existe apenas pela necessidade de sua própria natureza e é determinada a agir apenas por si][84]. É uma contradição a dependência segundo o ser e a essência estar ligada com a liberdade segundo a ação. Se Prometeu quisesse tirar satisfação de suas criaturas imperfeitas pelas ações delas, então elas responderiam cobertas de razão: "só podemos agir de acordo com o que éramos: pois a ação vem da composição. Se nosso agir era ruim, então isso repousava em nossa composição: ela é obra tua: castiga-te a ti mesmo"[85]. Não é diferente em relação à indestrutibilidade de nossa verdadeira essência pela morte, que não pode ser pensada seriamente sem a asseidade da vontade, assim como dificilmente sem a separação fundamental entre a vontade e o intelecto. O último ponto pertence à

---

84. ESPINOSA, B. *Ética I*. def. VII. Petrópolis: Vozes, p. 58. O itálico é de Schopenhauer [N.T.]

85. Comparar com *Parerga I*, p. 115ss. (2. ed., I, p. 133ss.).

minha filosofia; o primeiro, contudo, Aristóteles já expôs de maneira minuciosa (De caelo, I, 12), ao mostrar, detalhadamente, que apenas o que é engendrado pode ser imarcescível, e que ambos os conceitos condicionam-se um ao outro: ταυτα αλληλοις ακολουθει, και το τε αγενητον αφθαρτον, και το απθαρτον αγενητον. [...] το γαρ γενητον και το φθαρτον ακολουθουσιν αλληλοις. [...] ει γενητον τι, φθαρτον αναγκη (Haec mutuo se sequuntur, atque ingenerabile est incorruptibile, et incorruptibile ingenerabile. [...] generabile enim et corruptibile mutuo se sequuntur. [...] – si generabile est, et corruptibile esse necesse est) [que o que não surgiu ser imperecível e o imperecível não ter surgido seguem-se um do outro. [...] Pois ter surgido e ser perecível seguem-se mutuamente. [...] Se algo surgiu, deve, então, ser perecível]. Assim também entenderam todos aqueles que, entre os antigos filósofos, ensinaram uma imortalidade da alma, e sem que lhes ocorresse querer atribuir uma duração infinita a algum ser *engendrado*. Testemunho do constrangimento a que leva a aceitação da tese contrária oferece a controvérsia no interior da Igreja entre os preexistencialistas, os criacionistas e os traducionistas.

Além disso, é um ponto parente da ética o otimismo de todos os sistemas filosóficos que não pode faltar, como algo obrigatório, a nenhum deles: pois o mundo quer ouvir que é louvável e excelente, e os filósofos querem agradar ao mundo. Comigo é diferente: vi o que agrada ao mundo e não vou, para agradá-lo, afastar-me um passo sequer do trilho da verdade. Assim, meu sistema também diverge dos outros nesse ponto, ficando isolado. Mas, depois de terem conjuntamente cumprido suas demonstrações e cantado suas canções do melhor dos mundos, vem finalmente, por detrás do sistema, como um vingador tardio do disforme, como um espírito saído da tumba, como o convidado de pedra de *Don Juan*, a questão da origem do mal, do mal monstruoso, inominável, da miséria horripilante, dilacerante, no mundo: – e se calam, ou não têm nada além de palavras, palavras vazias, sonantes, para amortizar uma conta tão pesada. Em contrapartida, se a existência do mal foi entrelaçada com a do mundo já na base de um sistema, aí já não há o que temer desse espectro: como uma criança vacinada não teme a varíola. Esse é o caso, contudo, quando a liberdade está situada no *esse* [ser] em vez de no *operari* [ação], e dela, então, derivar o mau, o mal e o mundo. – Aliás, contudo, é justo que me seja permitido, como um homem sério, falar apenas das coisas que eu realmente conheço, e que eu utilize apenas palavras com as quais eu ligue um sentido bastante determinado; pois somente assim é possível se comunicar com os outros com segurança, e *Vauvenargues* tinha toda razão ao dizer que *"la clarté est la bonne foi des philosophes"* [a clareza é a boa-fé dos filósofos]. Se eu digo, portanto, "vontade, vontade de viver", isso não é um *ens rationis* [ente de razão], não é uma hipóstase feita por mim mesmo, nem mesmo uma palavra com um significado incerto, hesitante: ao contrário, a quem me questionar o que é isso, aponto ao seu próprio interior onde ele a encontrará integralmente, em sua medida colossal, como um verdadeiro *ens realissimum* [ente realíssimo]. Eu, portanto, não expliquei o mundo pelo desconhecido; mas sim pela coisa mais conhecida de todas e que nos é conhecida de uma maneira completamente diferente de tudo o mais. No que diz respeito, por fim, ao paradoxo de que os resultados ascéticos de minha ética foram acusados, uma objeção levantada até mesmo por *Jean Paul*, quem no mais me tem um juízo tão favorável, e pela qual, ainda, o Sr. Rätze (que não sabia que o único método que utilizam contra mim é fazer segredo) foi impelido a escrever, em 1820, um livro bem-intencionado contra mim e que, desde então, se tornou o tema permanente de crítica da minha filosofia, peço que se leve em consideração que uma coisa dessas pode se chamar paradoxal apenas nesse canto noroeste do velho continente, e mesmo aqui só nos países protestantes; em contrapartida, em toda a vasta Ásia, em toda parte onde o abominável Islã ainda não expulsou com fogo e espada as antigas e profundas religiões da humanidade, mais provável seria temer a acusação de trivialidade[86]. Consolo-me, portanto, por minha ética ser integralmente ortodoxa em relação tanto aos Upanixades dos Vedas sagrados quanto à religião mundial de Buda, não estando nem mesmo em contradição com o antigo e autêntico cristianismo. Contra todas as outras acusações de heresia, contudo, estou blindado, e tenho uma malha de metal tripla sobre o peito.

---

86. Quem quiser ser aprender sobre isso de maneira breve, mas completa, leia o excelente texto do finado padre Bochinger: *La vie contemplative, ascétique e monastique chez les Indous et chez les peuples Bouddhistes* [A vida contemplativa, ascética e monástica entre os hindus e entre os povos budistas], Estrasburgo, 1831.

Conclusão

Às confirmações, certamente notáveis, enumeradas neste ensaio, que as ciências empíricas forneceram à minha doutrina desde seu aparecimento, mas independente dela, seguem-se sem dúvida ainda muitas que não chegaram ao meu conhecimento: pois quão módica é a parte da literatura das ciências da natureza, empreendida tão ativamente em todas as linguagens, que o tempo, a oportunidade e a paciência do indivíduo são suficientes para travar conhecimento. Mas também o que já foi informado aqui me dá a confiança de que se aproxima o tempo da minha filosofia, e, com alegria no coração, vejo como no passar dos anos as ciências empíricas gradualmente apareceram como testemunhas insuspeitas de uma doutrina sobre a qual os "filósofos de profissão" (essa designação característica que alguns ingenuamente dão a si mesmos, inclusive alguns do "negócio filosófico") observaram ao longo de dezessete anos um silêncio politicamente prudente e inquebrantável, deixando ao encargo de Jean Paul[87], que não era adepto dessa política, falar sobre ela. Pois

---

87. *Nachschule zur ästhetischen Vorschule* [Ensino pós-escolar sobre a pré-escola estética] – O trecho acima refere-se a 1835, à época da primeira edição deste estudo.

louvá-la pode lhes ter parecido embaraçoso, repreendê-la, porém, considerando bem, não muito seguro, e tampouco quis lhes parecer necessário tornar conhecido do público que não é "da profissão e do negócio" que se pode filosofar muito seriamente, sem nem ser incompreensível, nem tedioso: para que, portanto, teriam que se comprometer com ela, uma vez que, calados, ninguém se denuncia, e, tendo à mão o método preferido de segredar como um meio comprovado contra o mérito, tudo foi logo arranjado, a saber, que, nas condições daquela época, tal filosofia não se qualificava suficientemente para ser ministrada na cátedra, o que, porém, segundo a opinião mais íntima deles, é o verdadeiro e último fim de toda filosofia, – e tanto isso é certo que, se a verdade nua e crua descesse das alturas do Olímpio, sem que o que trouxesse encontrasse correspondência, contudo, com as exigências levantadas pelas condições daquela época e com os fins do superior mor, os senhores "da profissão e do negócio" não perderiam verdadeiramente seu tempo com essa ninfa indecente, mas o mais apressadamente se despediriam dela para que voltasse ao seu Olímpio, colocariam então três dedos na boca e voltariam imperturbáveis aos seus compêndios. Pois é certo que quem corteja essa beleza nua, essa sereia fascinante, essa noiva sem dote, deve renunciar à sorte de ser um filósofo do Estado e de cátedra. Este se tornará, se subir muito, um filósofo do sótão. Só que, em compensação, terá, em vez de um público de estudantes ávidos por um ganha-pão, um público composto de seres raros, seletos, pensantes, que surgem escassamente dispersos entre a multidão incontável, um a um ao longo do tempo, quase como um capricho da natureza. E ao longe acena uma grata posteridade. Mas não devem nem suspeitar quão bela, quão adorável é a verdade, qual a felicidade de ir ao encalço de seus vestígios, qual a delícia da sua fruição, aqueles que conseguem imaginar que quem contemplou seu semblante seria capaz de abandoná-la, renegá-la, desfigurá-la, por aprovação prostituída, ou por seus cargos, seu dinheiro ou mesmo por seus títulos aristocráticos. Melhor polir lentes, como Espinosa, ou carregar água, como Cleantes. Que fiquem longe tanto quanto quiserem: a verdade não vai se tornar outra para agradar ao "negócio". Realmente, a filosofia levada à sério está emancipada demais para as universidades, na condição do lugar em que as ciências ficam sob tutela do Estado. Talvez, contudo, algum dia possa chegar a integrar as ciências ocultas; enquanto se deixa ressoar tanto mais alto nos auditórios seu arremedo, essa *ancilla theologiae* [criada da teologia] das universidades, essa cópia ruim da escolástica, em que o catecismo local é o critério supremo da verdade filosófica. – "*You, that way; we, this way*" [Vós por aquele lado, nós por este] – Shakespeare, *Trabalhos de amor perdidos*, final.

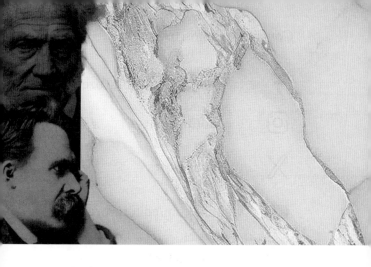

Veja outros livros
do selo *Vozes de Bolso*
pelo site

livrariavozes.com.br/colecoes/vozes-de-bolso

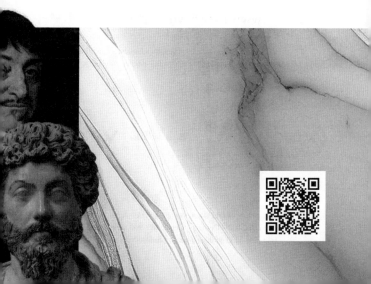

Conecte-se conosco:

- **f** facebook.com/editoravozes
- **[instagram]** @editoravozes
- **X** @editora_vozes
- **[youtube]** youtube.com/editoravozes
- **[whatsapp]** +55 24 2233-9033

www.vozes.com.br

Conheça nossas lojas:

www.livrariavozes.com.br

Belo Horizonte – Brasília – Campinas – Cuiabá – Curitiba
Fortaleza – Juiz de Fora – Petrópolis – Recife – São Paulo

EDITORA VOZES LTDA.
Rua Frei Luís, 100 – Centro – Cep 25689-900 – Petrópolis, RJ
Tel.: (24) 2233-9000 – E-mail: vendas@vozes.com.br